군살 없는 50일 속담영어

군살 없는 50일 속담영어

군살 없는 50일 속담영어

• 조크와 콩트, 노래로 재미난 영어 •

그레이스 박 지음

좋은땅

●

서문(序文)

　무엇보다도 독자님께서 이렇게 제 글에 관심(關心)을 가지고 서문(序文)도 펼쳐봐 주신 것에 대해 진심으로 감사(感謝)를 드리며, 부디 이 글을 읽으시고 긍정적(肯定的)인 영향(影響)을 받아서 좋은 일이 많이 있으시기를 진심(眞心)으로 기원드립니다.

　책의 내용은 백세(百歲)시대를 맞이하여, 누구라도 새로운 목표를 가지고 쉽게 영어에 도전(挑戰)하도록 용기(勇氣)를 주어, 보람 있고 멋진 인생을 설계(設計)하도록, 삶의 지혜가 담긴 격언(格言)을 통해 인생을 반추하도록, 모든 내용을 연령(年齡)대와 상관없이 아무리 영어 문외한(門外漢)이라도 한번 도전(挑戰)해 볼 만하도록, 가능한 한 간단(間斷)하고 쉽게, 즐겁게 하도록 최선을 다했다고 하겠습니다.

　우리말에 '늦었다고 생각하는 때가 가장 이른 때다./When you think it's late, it's the earliest!'라는 말도 있고, 또 영어속담(俗談)에 'It is never too late to learn.'이라는 말도 있는데, 이는 '배움에는 늦음이 없다.'는 말이니, 정신건강(精神健康)을 위해서라도 언제든 배우는 자세가 필요하다는 생각으로 도전(挑戰)해 보시면 좋을 것 같습니다.

책을 꾸리기는, 격언을 통해서 인생의 교훈적(敎訓的)인 내용을 공부하고, 간단한 회화도 공부할 수 있도록 했고, 웃는 것이 여러모로 좋다고 하고, 저 역시 남을 즐겁게 해 주는 것이 즐거운 일이라서, 중간중간에 재미있는 콩트와 난센스 퀴즈를 통해서, 한 번씩 유쾌(愉快)한 웃음을 주도록 노력했습니다.

끝으로 외국어(外國語)를 교육하는 데 있어서 오프라인 서적의 문제점(問題點)이, 발음을 제대로 지도할 수 없다는 점이라서 발음(發音)을 적어는 놨으나, 그대로 발음하는 데는 상당히 문제가 있다는 점을 양해(諒解) 바라며, 조만간 후속편도 나오고, YouTube에 저자의 강의(講義)를 준비(準備) 중이니 그때에 활용(活用)하시기 바라며, 시작(始作)이 반이라는 마음으로 용기(勇氣) 내서 도전(挑戰)해 보시기 바랍니다. 부디 건강(健康)하시고 건승(健勝)하시고 행복(幸福)하시길 기원드립니다.

●

November/11월

- When winter is around the corner/겨울의 문턱에서

Needy people are everywhere, crying for help.

힘에 겨운 이들이 도처에서 도움을 부르짖고

Over and over again, the same trial and error is repeated.

똑같은 시행착오는 자꾸만 반복된다.

Vulnerable system can hardly help this anymore.

취약한 제도는 도무지 더 이상 도움이 될 수 없으나

Even though THEY do know the reality,

그들은 정녕 실상을 알지라도,

no one ever tries to make it right.

아무도 바로잡으려 하지 않는다.

More and more hopeless people are committing suicide.

점점 더 많은 절망적인 이들이 목숨을 버려도

Blind and deaf men with power never care about it.

눈멀고 귀먹은 권력자들은 전혀 신경 쓰지 않는다.

Evil minded ones prosper, and naive innocent ones perish.

악한 이들은 번성하고, 순진무구한 이들은 망해 간다.

Really sacrificing great spiritual leader is desperately awaited

앞장서서 이 비참한 세상을 구해 줄,

to step forward to save this miserable world.

진실로 희생적인, 위대한 영적 지도자를 목 놓아 기다린다.

2021년 10월에 Grace 박현숙 씀

속담 목차

1. **Easy come, easy go**

[이지 컴, 이지 고우]
/쉽게 오면 쉽게 간다

이 말은 우리말로 '쉽게 붙는 불이 쉬이 꺼진다.' 또는 '쉽게 얻은 재물 (財物)이 날개를 달고 나간다.'는 의미로 쓰이지요. easy는 쉽다는 말인데, 'Take it easy! [테이 키 리지]'를 직역하면, '그것을 쉽게 받아들여라'라는 말이 되지만, 실제로는 '참아라.'는 뜻으로 많이 쓰여요. 달리는 'Calm down! [카암 다운]/진정(鎭靜)해!'라고 하거나 'Be patient! [비 페이션트]/참아~'라고 합니다.

1)

'Be patient.'와 같이 〈be동사+형용사〉 문형의 표현을 들자면,

Be nice! [비 나이스]/잘 대해, 얌전히 굴어
Be quiet! [비 콰이엍]/조용히 해

Be happy! [비 해피]/행복(幸福)해라

Be honest! [비 어니스트]/정직(正直)해라

Be polite! [비 폴라이트]/공손(恭遜)해라

Be careful! [비 캐어플]/조심해

Don't be rude. [도운 비 루드]/무례(無禮)히 굴지 마

Don't be late. [도운 비 래잇]/늦지 마

Don't be sad. [도운 비 쌔드]/슬퍼하지 마

Don't be cruel. [도운 비 크루얼]/잔인(殘忍)하게 굴지 마

등이 있습니다.

2)

여기서 또한 come과 go에 관한 유용한 표현을 들자면,

(1)

'이리 오라'는 말을 'Come here [컴 히어]'. '에이, 왜 그래', 혹은 '어서 빨리 해' 등과 같이 다그치는 표현으로 'Come on! [캄 온]'이라고 하고, 여기에 '~가 온다.'는 말을 'Here comes~'라는 표현을 써서,

'Here comes mom.

[히어 컴즈 맘]

/여기 엄마가 오신다.'

16

'Here comes a bus.

[히어 컴즈 어 버스]

/여기 버스가 온다.' 등과 같이 쓸 수 있습니다.

(2)

반대로 '저리 가라'는 말을

'Go there. [고우 데어]'

'Go back home. [고우 백 홈]'

/'집에 돌아가라.'

'There goes your friend. [데어 고우즈 유어 프랜드]'

/'저기 네 친구가 간다.' 등으로 표현할 수 있겠습니다.

(3)

그런데 여기서 우리 한국 사람들이 실수(失手)하기 쉬워서 반드시 알아 두어야 할 것은, 우리는 누구에게 '간다'는 말을 할 때 'go [고우]'를 흔히 쓰는데, 영어는 우리와는 다른 의미로 'come [컴]'과 'go [고우]'를 쓴다는 것을 알아 두시기 바랍니다.

예를 들어 대화(對話)를 하면서 대화하는 상대 쪽으로, 아니면 대화하는 내용상(內容上)의 장소(場所)로 '합류(合流)'하기 위해 간다고 할 때는 'come'을 쓰고, 그쪽이 아닌 다른 볼일로 '딴 곳'에 간다고 할 때는 'go'를 씁니다.

이를테면 둘이서 대화 중에 내일 'Meeting [미팅]/모임'이 있는데 참석(參席)할 거냐고 묻는데,

'내가 내일 가겠다(참석하겠다)'고 하려면
'I will come(join) tomorrow.
[아이 윌 컴(조인) 투머로우]'라고 하고,

'나는 내일 다른 볼일이 있어서 부산에 가야 한다.'고 말하려면,

'I am sorry I cannot come.
[아이 앰 쏘리 아이 캔낫 컴]
/미안하지만 못 가요.'

'I need to go to Busan for another business.
[아이 니 투 고우 투 부산 훠 아더 비즈니스]
/다른 일로 부산에 가야 해서요.'라고 해야 합니다.

3)
그 밖에도,

새로 온 사람, 신참(新參)을
new-comer [뉴 커머]라고 하고,

지각생 또는 후발주자(後發走者)를

late-comer [래잇 커머],

늦게 되는 대기만성(大器晚成)형 사람을

late-bloomer [래잇 블루머]라고 하며,

영화관(映畫館)에 다니는 사람을

movie-goer [무비 고어]라고 하고,

교회(敎會)에 다니는 사람을

church-goer [처치 고어]라고 하는데,

신앙(信仰)과는 상관없이 일요일에만 교회에 다니는

'나이론 신자'를

'Sunday Christian [썬데이 크리스천]'이라고 한답니다.

4)

그리고 대학에서,

신입생 1학년을 Freshman [후레쉬먼]이라고 하고,

2학년을 Sophomore [싸파모어],

3학년을 Junior [쥬니어]라고 하고,

4학년을 Senior [씨니어]라고 한다는 것도 기억합시다.

여기서 다시 선후배(先後輩)를 지칭(指稱)할 때

'He is my Junior (or Senior) in school.

[히이즈 마이 쥬니어 (오아 씨니어) 인 스쿨]

/그는 나의 학교 후배 (또는 선배)입니다.'라고 하는데,

　　물론 학년을 가리켜 말할 때 1st grader [퍼스트 그레이더]/1학년, 2nd grader [쎄컨 그레이더]/2학년, 6th grader [씩스쓰 그레이더]/6학년, 7th grader [쎄븐쓰 그레이더]/7학년 이렇게 표현할 수도 있습니다.

2. What goes up must come down

/올라가는 것은 내려와야 한다

/새옹지마(塞翁之馬)

이 격언은 한 번 올라가는 것은 반드시 내려와야 한다는 것이므로, 좀 잘나간다고 교만(驕慢)할 것도, 좀 못 나간다고 낙심(落心)할 것도 없는 것이, 사노라면 올라갈 때도 있고 내려갈 때도 있으니, 처한 상황(狀況)을 긍정적(肯定的)으로 바라보고 자족(自足)할 줄 아는 지혜(智慧)가 필요하다고 하겠습니다.

1)

여기서 우리는 보통 'what'을 의문사(疑問詞)로 알고 있어서

'What is your phone number?

[와 리스 유어 폰 넘버]

/전화번호가 뭡니까?'

'What do you mean by that?
[와 루 유 민 바이 댓]
/그게 무슨 뜻이죠?'

'What can I do?
[와 캔 나이 두]
/내가 어떻게 해야 되지?'
'What am I going to do?
[와래 마이 고잉 투 두]
/뭘 해야 하지?'와 같은 표현에는 익숙하실 것입니다.

2)

그러나 여기서의 what은 선행사를 포함하는 관계대명사라서, (여기서 문법이 골치 아프시면 무시하시고 건너뛰셔서도 상관은 없고요, 정확한 이해를 원하시는 분을 위해서 이해를 도우려는 거니까 부담은 갖지 마셔요)

이를테면 the thing(선행사)과 that(관계대명사) 이렇게 두 개로 써야 할 것을 그냥 what이라는 단어 하나로 써서 'the thing that goes up/올라가는 그것'이라고 할 것을 'what goes up/올라가는 것'이라고 간단히 쓰는 거죠.

3)

여기서 'up/위로'와 'down/아래로'에 관한 영어 표현을 들자면,

(1)

'There are always ups and downs in life.

[데어 라 얼웨이즈 업스 앤 다운즈 인 라이프]

/인생에는 항상 굴곡(屈曲)이 있다'라는 뜻이 되겠고,

'It is upside down.

[이 리즈 업싸이 다운]'이라고 하면

'그것이 거꾸로 되었다', 즉,

'위쪽이 아래로 왔다'는 말이고,

'Your shirt is inside out.

[유어 셔츠 이즈 인싸이드 아웃]'이라고 하면

'셔츠가 뒤집어졌다' 즉,

'안쪽이 밖으로 나왔다'는 의미로 활용(活用)할 수 있습니다.

(2)

그런가 하면

'What's up? [왓쯔 업]'이라고 하면

'무슨 일이 있느냐?'는 뜻으로,

'What happened? [왓 해픈드]

/무슨 일이 생겼어?'

'What's wrong? [와쯔 륑]

/뭐가 잘못됐어?'와 같은 의미(意味)입니다.

'What's going on? [와쯔 고잉 온]

/무슨 일이 진행(進行)되고 있어?'

등이 비슷한 의미로 통용(通用)되고 있습니다.

(3)

이를 구체적(具體的)으로,

'당신 코가 왜 그래?'라는 의미로는

'What happened to your nose? [왓 해픈 투 유어 노우즈]/당신 코

에 무슨 일이 일어난 거야?'

'What's wrong with your nose? [와쯔 롱 위드 유어 노우즈]

/당신 코에 뭐가 잘못된 거야?'

라고 할 수 있고,

'당신 머리가 어찌 된 거냐?'고 하려면

'What happened to your hair?

[왓 해픈 투 유어 헤어]'

'What's wrong with your hair?

[와쯔 롱 위드 유어 헤어]'라고 해서,

이때는

'What did you do with your hair?

[왓 디 듀 두 윗 유어 헤어]

/당신 머리에 무슨 일을 한 거야?'

와 같은 의미로 쓰인 것입니다.

같은 형식으로 '김 씨가 왜 저래?'라고 하고 싶으면,

'What happened to Mr. Kim?

[왓 해픈 투 미스터 김]'

'What's wrong with Mr. Kim?

[와쯔 롱 윗 미스터 김]'이라고 할 수 있는 것입니다.

3. Hunger is the best sauce

[헝거 이즈 더 베스트 쏘스]

/시장이 반찬(飯饌)이다

1)

여기서 '시장'이란 말은 장 보러 가는 시장(市場), 'market [마-켓]'이 아
니고, 우리 옛말에 '시장하다,' 즉, '배고프다'라고 할 때 '배가 고픈 상태(狀
態)의 허기(虛飢)'를 말하는 것이며,

(1)

'hunger [헝거]/허기(虛飢)'는

'hungry [헝그리]/배고픈'의 명사형이죠. 이는

'anger [앵거]/분노(忿怒)'가

'angry [앵그리]/화가 난'의 명사형인 것과 같은 형태입니다.

(2)

그런데 'hunger'라는 단어는 '굶주리다'라는 동사로도 쓰여서, 많은 사람들이 기억하는 '사랑과 영혼(靈魂)'의 주제가 'Unchained Melody [언체인드 멜로디]/사슬 풀린 멜로디'에서

'I've hungered for your touch.

[아이브 헝거-드 훠 유어 터치]

/나는 당신의 손길에 굶주려 왔다오.'에서

⟨have+과거분사=현재완료⟩ 형태로

'have hungered/굶주려 왔다.'라고 동사로 쓰였습니다.

(3)

그리고 단순히 배가 고프면

'I am hungry.

[아이 앰 헝그리]'라고 하지만

'배가 고파 죽겠다'고 하려면

'I am dead hungry.

[아이 앰 데드 헝그리]'라고 해서

'dead [데드]'가 원래는 '죽어 있는'이란 형용사지만,

여기서는 'very/매우'라는 의미의 부사처럼 쓰이고,

진짜 '굶어 죽을 지경(地境)'이라고 하려면

'I am starving.

[아이 앰 스타빙]

/주려 죽겠다.'는 뜻이 됩니다.

2)

그리고 여기에서 '양념'으로 쳐서 먹는

'sauce'는 [쏘스]라고 짧게 발음하고,

'근원(根源), 원천(源泉)'이라는 의미의

'source'는 약간 길게 [쏘오스]라고 발음합니다.

여담(餘談)이지만 이 격언(格言)을 대할 때마다 느끼는 것이, 조물주(造物主)는 참 공평(公平)하시다는 생각이지요. 왜냐하면, 쉽게 하는 말로 '우리가 좋은 침대(寢臺)는 살 수 있어도 좋은 잠은 돈으로 살 수 없다.'고 하고, '값진 음식(飮食)은 살 수 있어도 입맛은 살 수 없다.'는 말처럼, 결국 단잠을 잔다거나 맛있게 음식을 먹는 등, 가장 필수적(必須的)인 중요한 것은 신께서 공평(公平)하게 주시지 않았나 하는 생각입니다.

그런데 '비틀즈'의 노래에 나오는 영어 표현에

'Money can't buy me love.

[마니 캔트 바이 밀 러브]

/돈이 내게 사랑을 사 줄 수는 없다.'라는 말과

Rolling Stones의 'As tears go by'라는 노래 가사에
'My riches can't buy everything. [마이 리치즈 캔트 바이 에브리
띵]/나의 부(富)로 모든 걸 살 수는 없다.'라는 말이 있는데,

듣기에 위로(慰勞)는 되지만, 그것은 조금 안 맞는 것 같기도 해요. 왜
냐하면, 진심은 본인(本人)만 알 일이지만, 돈이 많으면 많은 사람들이 돈
을 사랑해서, 돈이 많은 이들의 호감(好感)을 사려고 모여드니까요. 결국
돈을 사랑하다 보면 돈이 많은 사람을 사랑하게 되니, 결국 사랑을 찾을
기회(機會)는 더 많아지는 것 아닐까요?

4. No news is good news

[노우 뉴-스 이즈 굿 뉴-스]

/무소식(無消息)이 희소식(喜消息)이다

안 그러신 분들도 많겠지만, 사람이 살다 보면 가족(家族)이나 친구(親舊) 간에 보통(普通) 특별(特別)한 일이 없으면 연락(連絡)을 안 하다가도, 급하거나 도움이 필요하면 연락을 하는 경우가 많다 보니 이런 말이 생긴 듯싶은데. 어쩔 수 없는 일반 서민(庶民)들 삶의 다반사(茶飯事)가 아닌가 합니다.

1)

'News'는 아시다시피 '새 소식(消息)'이라는 뜻인데,

'That's news to me.

[대쯔 뉴스 투 미]'라고 하면, 직역해서

'그것은 내게 새 소식이다.'라고 해석이 되어서,

'그것은 내가 처음 듣는 소리다.'라는 말로

'I have never heard about that.

[아이 해브 네버 허드 어바웃 댓]

/난 그런 말을 들어 본 적이 없다.'와 같은 의미로 흔히 쓰입니다.

2)

참고로 일기예보(日氣豫報)에 대해 이야기할 때,

'The weatherman said it would rain today.

[더 웨더맨 쌔드 이 룻 레인 투데이]

/기상(氣象) 캐스터가 오늘 비가 올 거랬어요.'라고 표현하며,

'Weatherman'을 달리는

'Weather Caster [웨더 캐스터]'라고도 하고,

'일기예보'를 'Weather Forecast [웨더 훠캐스트]'라고 하며,

우리가 흔히 'Announcer/아나운서'라고 하는 말을 달리는 'News-

caster [뉴스캐스터]'라고도 합니다.

5. **No cross, no crown**

[노우 크로스, 노우 크라운]

/십자가(十字架)가 없으면 왕관(王冠)도 없다

/고난(苦難)이 없으면 영광(榮光)도 없다

/고진감래(苦盡甘來)

여기에 'Cross'는 기독교에서 예수님이 지신 '고난(苦難)의 십자가'라는 뜻의 성경적(聖經的) 배경(背景)을 가지고 있는데, 이는 기독교에서 '예수님이 십자가(十字架)를 지지 않았으면, '왕 중 왕'이라는 왕의 면류관(冕旒冠)도 없었다.'는 뜻이라서, '고난(苦難)이 없으면 영광(榮光)도 없다'는 교훈의 의미가 됩니다.

Cross를 활용하여,

교차로(交叉路)를 'crossroad [크로쓰로드]'

또는 'intersection [인터쎅션]'이라고 하고,

'Red Cross [레드 크로스]' 하면 적십자,

'Green Cross [그린 크로스]' 하면 녹십자가 되며,

'crown [크라운]'은 왕관이지만
'clown [클라운]'이라고 하면 어릿광대가 됩니다.

이때 'L'과 'R' 발음(發音) 구별(區別)이 정말 중요한데, 'L'은 혀가 입천장에 반드시 붙었다가 떨어지면서 'ㄹ' 발음을 해야 해서, 랄랄랄 하다가 '을라!' 하고 떨어지는 소리를 내야 하지만, 'R'은 혀가 절대로 입천장에 닿으면 안 되고, 혀를 말아서 '어-ㄹ' 하고 소리를 내서, 혀를 말은 상태로 '어' 소리를 내야 합니다.

No pain, no gain. [노우 페인, 노우 게인]
/고통(苦痛)이 없으면 얻는 것도 없다.
/고생(苦生) 끝에 낙이 온다.

이 격언을 보니 생각나는 문구(文句)가 있습니다. 한번은 차를 타고 지나가는데, 헬스클럽 간판(看板)에 'No pain, no gain.'이라고 적혀 있는 거예요. 사실 'pain [페인]'은 '고통(苦痛)'이라는 뜻이고 'gain [게인]'은 '얻는다'는 뜻이니 '힘들게 노력(努力)하지 않으면 얻는 게 없다.'는 뜻으로 쓴 것이죠.

1)
그런데 체중(體重)에 대해 얘기할 때는,
실은 '체중이 는다.'는 뜻이

'gain weight

[게인 웨이트]'이고,

'살이 빠지다, 체중이 준다.'고 할 때

'lose weight

[루즈 웨이트]'라고 해서,

'gain'이 '체중이 는다.'는 뜻으로 쓰이거든요.

현실적(現實的)으로 헬스클럽에 오는 많은 이들이 '체중 감량(體重減量, to lose weight)'을 위해 클럽에 오는 것을 감안(勘案)할 때, 조금은 애매한 표현이 아닌가 하는 생각이 들었죠. 그대로라면 '고통이 없으면 체중이 늘지 않는다.'가 될 테니까요. 참고로 'pain'이 '고통'인데, 고통을 없애는 '진통제(鎭痛劑)'를 'pain-killer [페인킬러]'라고 한다는 것도 기억해 두면 좋겠네요.

2)

여기서 운동선수(運動選手)들이 경기에 앞서서

'Weight Training

[웨이트 트레이닝]

/체중 조절(體重調節) 훈련'을 한다고 하잖아요.

권투(拳鬪)와 같이

'Heavy [헤비]'급,

'Light [라이트]'급 등으로 체급(體級)을 정한 운동에서,

체급에 맞게 체중을 조절하는 훈련인데 여기서

'Weight [웨이트]'라는 단어를 기억(記憶)하시면 되겠죠?

3)

여기서 참고로

'Weight [웨이트]/무게'는

'weigh [웨이]/무게를 재다.'의 명사형이고,

'high [하이]/높다'의 명사형은

'Height [하이트]/높이',

'long [롱]/길다'의 명사형은

'Length [레엥뜨]/길이',

'wide [와이드]/(폭이) 넓다'의 명사형은

'Width [위뜨스]/폭'이라고 합니다.

6. **Too many cooks spoil the broth**

[투매니 쿡쓰 스포일더 브로쓰]

/요리사(料理師)가 너무 많으면 국을 망친다

/사공(沙工)이 많으면 배가 산으로 간다

1)

'spoil'은 '망친다'는 뜻인데, 이를테면,

'He is spoiled.

[히이즈 스포일드]'라고 하면,

〈be동사+과거분사=수동태〉로 '그는 망쳐졌다'로 직역되는데

'아이를 망쳤다' 정도의 뜻이 되죠.

또 드라마나 영화 같은 걸 볼 때

'Don't be a spoiler!

[도운 삐 어 스포일러]'라는 말을 쓰는데,

드라마나 영화(映畵)를 보는데,

이미 본 사람이 옆에서 자꾸 줄거리를 미리 얘기해서

'김이 새게 하는 사람'을 'Spoiler [스포일러]'라고 하므로,

미리 얘기해서 재미가 떨어질 때,

'자꾸 미리 얘기해서 보는 재미를 망치지 말라.'는 뜻으로 쓰여요.

2)

또한 여기서 'cook [쿡]'에 대해서 주의(注意)할 것은 동사에다 'er'을 붙여서 그 일을 하는 사람, 혹은 기구가 된다는 형식(形式)으로 'cooker [쿠커]'를 요리사로 생각하는 경우가 가끔 있는데,

'요리사(料理師)'는 'cook'이고

'cooker'는 '요리 기구'라는 것도 기억해 두면 좋겠어요. 그리고

'일반 요리사'는 'cook'이라고 하고

'주방장'은 'Head Cook [헤드 쿡]' 또는

'Chef [쉐프]'라고 합니다.

3)

동사에 'er'을 붙여서 그 일을 하는 사람을 나타내는 예를 들면,

teach [티치]/가르치다

: teacher [티치]/선생님,

dance [댄스]/춤추다

: dancer [댄서]/무희,

sing [씽]/노래하다

: singer [씽어]/가수,

build [빌드]/세우다, 건축(建築)하다

: builder [빌더]/건축자,

produce [프로듀스]/생산(生産)하다

: producer [프로듀서]/생산자,

conduct [컨덕트]/집행(執行)하다

: conductor [컨덕터]/집행자, 지휘자(指揮者),

paint [페인트]/칠하다

: painter [페인터]/화가,

announce [아나운스]/발표하다

: announcer [아나운서]/아나운서,

paly [플레이]/연주(演奏)하다, 경기(競技)하다

: player [플레이어]/연주자, 선수(選手) 등과 같습니다.

* 그리고 여기 'cook'을 이용해서

'It is overcooked.

[잇 이즈 오우버쿡뜨]'라고 하면

'음식(飲食)이 너무 오래 조리해서 타거나 졸았을 때' 쓰는 말이고,

'It is undercooked.

[잇 이즈 언더쿡뜨]'라고 하면

'음식이 덜 익었거나 조리가 덜되었다'는 의미입니다.

4)

여기서 'over'는 일정 '기준(基準)을 넘어서는' 것을 의미하고, 'under'는
'일정 기준에 미치지 못하는' 것을 의미해서,

'overcook [오버쿡]/지나치게 요리하다',

'overload [오벌로드]/짐을 무리하게 많이 싣다',

'overeat [오버릿]/과식(過食)하다'와 같이 쓸 수 있습니다.

(1)

여기서 유의할 것은,

우리나라 사람들이 토한다는 것을

'오바이트한다'고 하는데, 그것은

'overeat [오버릿]'

/'과식(過食)하다'를 잘못 이해해서 하는 말이고,

'토하다'는 말은

'vomit [보밋]'이라고 합니다.

(2)

비슷한 유형으로,

'과대평가(過大評價)한다'는 말을

'overestimate [오버레스티메잍]',

'과소평가(過小評價)한다'는 말을

'underestimate [언더레스티메잍]'이라고 합니다.

(3)

평가 이야기에 관하여, 대학입시에서

'절대(絶對)평가'를 'Absolute Evaluation

[앱쏠루트 이벨류에이션]'이라고 하고,

'상대(相對)평가'를 'Relative Evaluation

[렐러티브 이벨류에이션]'이라고 하며,

(4)

'아인슈타인'의

'상대성원리(相對性原理)'도

'Relativity Theory [렐러티비티 띠오리]'라고 한다는 것도 덤으로

알아 두시면 유용(有用)하겠지요?

(5)

대화(對話) 중에 맞장구를 치면서 요즈음 젊은이들이 흔히 쓰는

말로 '당근이지, 당연(當然)하지'라는 뜻을 영어로는

'Absolutely [앱쏠루틀리]

/절대적(絶對的)으로!'

'Definitely! [데피니틀리]

/분명히'라고 하는 것도 익혀서 활용(活用)하시기 바랍니다.

'Absolutely [앱쏠루틀리]

/절대적(絶對的)으로!'

'Definitely! [데피니틀리]

/분명히'라고 하는 것도 익혀서 활용(活用)하시기 바랍니다.

7. Spare the rod, spoil the child

[스페어 더 로드, 스포일 더 차일드]
/매를 아끼면 애를 망친다

여기서 'spare [스페어]'라는 말은 '예비(預備)로 비축(備蓄)하다'라는 뜻입니다. 예전에 자동차 보험(保險)이 일반화(一般化)되지 않았을 때는 대부분의 차들이 'Spare Tire [스페어 타이어]'를 트렁크나 지프차 뒤에 달고 다녔던 것을 기억(記憶)하면 쉽겠죠? 또한 여기서 유의할 것은, 이 문장은 평서문(平敍文)이 아닌 명령문(命令文)으로 되어 있는데, 일반적으로 동사가 맨 앞에 나오면 명령문으로 이해하면 됩니다.

따라서 여기서 이 문장을 직역하면, '매를 아껴라, 그래서 아이를 망쳐라.'가 되는데, 결국 '매를 아끼면 아이를 망친다.'가 되는 것이죠. 여기서,

'child [차일드]'에 'ish'를 붙여서

'childish [차일디쉬]'라고 하면 '유치하다'는 뜻이 되고,

42

'fool'에다 'ish'를 붙여서

'foolish [훌리쉬]'라고 하면

'바보스러운'이라는 뜻이 됩니다. 그러나

'child'에 'like'를 붙여

'childlike [차일드라익]'이라고 하면,

'순진(純眞)한, 어린아이 같은'이라는 의미가 됩니다.

8. Out of sight, and out of mind

1)

여기서 'out of [아우 로브]'라고 하면 '~밖의'라는 뜻이라서,

'Are you out of mind?

[아유 아우 로브 마인드]?'라고 하면

/'당신 정신(精神)이 나갔어요?'라는 뜻이고,

'Get out of here!

[겟 아우 로브 히어]

/여기서 나가!'

'Get out of my sight!

[겟 아우 로브 마이 싸이트]

/내 시야(視野)에서 사라져!'라는 말이 됩니다.

2)

또한 'We are running out of gas.

[위 아 러닝 아우 로브 개스]'라고 하면,

'우리 지금 가스(개솔린)이 다 떨어져 가요.'

결국 차 연료(燃料)가 다 돼 간다는 의미이고

'We are running out of time.

[위 아 러닝 아우 로브 타임]

/시간이 다 돼 간다.'라고 씁니다.

이때 '주유(注油)소'를

'Gas Station [개스 스테이션]'이라고 하고,

'충전(充電)소'를

'Charging Station [차징 스테이션]'이라고 합니다.

가스를 차에 가득 채우라는 말을

'Fully charge it, please.

[훌리 차지 잇 플리즈]'라고 하고,

'기름을 가득 채우라'는 말은
'Fill it(her) up, please.
[필리럽(필러럽), 플리이즈]'라고 합니다.

3)

'sight'라고 하면,

'eyesight [아이싸이트]/보기, 시력(視力)'의 의미로 쓰는데, 그래서
'눈으로 보는 관광(觀光)'을 'Sightseeing [싸잍-씽]'이라고 하고,

'관광'을 'Tour [투어]',
'관광안내원'을 'Tour Guide [투어 가이드]',
'관광업'을 'Tourism [투어리즘]'이라고 하고
'관광객'은 'Tourist [투어리스트]'라고 하며,
'관광지'를 'Tourist Attraction [투어리스트 어트랙션]'이라고 합니다.

4)

'attract [어트랙트]'라는 말은 '끌어당긴다'는 뜻인데,

'Like attracts like.
[라이크 어트랙스 라이크]'라고 하면,
'유사(類似)한 것이 유사한 것을 끌어당긴다'는 뜻으로

46

'유유상종(類類相從)', 내지는 '끼리끼리 논다'

'Birds of a feather flock together.

[버-즈 오브 어 훼더 훌록 투개더]'에 해당(該當)한다고 하겠습니다.

여기서 'attraction [어트랙션]'이라고 하면 '끌어당기는 것'이라는 의미니까, 관광지(觀光地)의 여러 가지 시설(施設)이나 볼거리가 사람들을 끌어당기는 것을 생각해 보면, 'Tourist Attraction [투어리스트 어트랙션]'을 '관광지(觀光地)'라고 하는 의미가 이해가 되시겠죠?

5)

그런데 사람을 가리켜 'attractive [어트랙티브]' 하다고 하면 '매력적(魅力的)'이라는 의미가 돼서,

'She is very attractive.

[쉬 즈 베리 어트렉티브]'라고 하면

'그녀는 매우 매력적(魅力的)이다.'라는 의미인데,

'매력적이다'이라는 표현을 다르게는

'Charming [차밍]'이라고도 합니다.

또한 'He is very impressive.

[히 이즈 베리 임프레씨브]'라고 하면

'그는 매우 인상적(印象的)이다.'

즉 '기억에 남을 만큼 멋지다.'라는 의미가 되겠어요.

'impressive [임프레씨브]/인상적인'의 명사형인
'impression [임프레션]'이 '인상(印象)'이라는 뜻이어서,
'첫인상'을 'First Impression [퍼스트 임프레션]'이라고 하지요.

6)

또한 sight를 활용하여, 〈형용사 + 과거분사/~ed〉로,

short-sighted [쇼트-싸이티드]/근시(近視)인',
long(far)-sighted [롱-싸이티드]/원시(遠視)인'
astigmatic [애스티그매릭]/난시(亂視)인'이라고 해서.

'난 근시야.'라고 하고 싶으면,
'I am short-sighted.
[아이 앰 숏-싸이티드]'
'난 난시야.'라고 하고 싶으면,
'I am astigmatic.
[아이 앰 애스티그매릭]'
'난 원시야.'라고 하려면
'I am far-sighted.
[아이 앰 화 싸이티드]'라고 하면 되겠습니다.

9. A rolling stone gathers no moss

[어 롤링 스톤 개덜즈 노우 모쓰]

/구르는 돌은 이끼를 모으지 않는다

/구르는 돌에는 이끼가 끼지 않는다

이 말은 양면적(兩面的)인 의미가 있다고 해요. 좋게 말하면, '구르는 돌에 이끼가 끼지 않는다.'는 말이, '부지런하고 활발하게 움직이면, 고인 물이 썩듯이 부패(腐敗)하거나 나쁜 것이 들러붙지 않는다.'는 의미도 있지만, 나쁘게 말할 때는, '한 가지 일에 집중(集中)하지 않고 이리저리 정처(定處) 없이 일을 저지르고 다니면 되는 일이 없다.' 즉, '한 우물을 파라'라는 의미로 쓰인답니다.

1)

'roll'이라고 하면 동사로는 '구르다, 뒹굴다'라는 뜻이고, 명사로는 '두루마리'라는 뜻이라서,

화장실의 '두루마리 휴지'를

'Toilet Roll [토일렛 롤]'이라고 하고

'화장지'는 'Toilet Paper [토일렛 페이퍼]'라고 하며,

'돌돌 만 빵'을 'Roll Bread [롤 브레드]'라고 합니다.

그리고 요즘 우리가 흔히 쓰는 '물티슈'는

'Wet paper [웻 페이퍼]'라고 합니다.

2)

참고로, 'gather [개더]'는 '모으다'는 뜻이니까,

'Gathered-Skirt

[개더드 스커트]'에서

홈질을 해서 잡아당기면 주름이 잡히는 대로 지은 스커트가

'Gathered Skirt', 즉 '주름치마'가 되는데요,

이와는 달리 기계로 주름을 잡은 것처럼

'전체에 주름이 잡힌 치마'는

'Pleated skirt'

[플리츠 스커트]라고 합니다.

'Tight-Skirt'

[타이트 스커트]는 꽉 끼는 스커트니까

좁은 치마가 되구요,

'Flare-Skirt'

[플레어 스커트]는 불길같이 너울대는 스커트니까
확 퍼지는 치마가 되는 거죠.

3)

'tight'는 '단단한, 꽉 끼는'이라는 뜻이니까,

'Hold me tight. [홀 미 타잇]'이라고 하면
'날 꼭 잡고 놓지 말라.'는 뜻이 되고,
'Hold it tight! [홀 딧 타잇]'이라고 하면
'그것을 꼭 잡아!'라는 뜻이 됩니다.

10. Money talks

[마니 톡쓰]

/돈이 말을 한다. 돈이면 다 된다

'money [마니]'는 많을수록 좋아서 '마니'라지요? 그래서,

'She married for money.

[쉬 메리드 풔 마니]'라고 하면,

'그 여자는 돈을 보고 결혼(結婚)했다.'는 뜻이고,

'She married for love.

[쉬 메리드 훨 러-ㅂ]'라고 하면

'그녀는 사랑해서 결혼했다.'는 의미가 됩니다.

그리고 당신 기혼(旣婚)이냐, 혹은 미혼(未婚)이냐는 말을,

'Are you married or single?

[아 유 메리드 오어 씽글]'이라고 합니다.

여기서 '독신(獨身)'이라고 하려면

'I am single. [아이 앰 씽글]',

'기혼'이라고 하려면

'I am married. [아이 앰 메리드]'라고 하면 되죠.

'Money means everything to him.

[마니 민-즈 에브리띵 투 힘]'이라고 하면

'그에게는 돈이 모든 것을 의미한다.'는 거니까,

'그는 돈밖에 모른다.'는 정도의 뜻이 되겠죠?

옛날 팝송 중에 'You mean everything to me.

[유 민 에브리띵 투 미]'라는 노래를 혹시 기억하시나요?

'당신은 내게 모든 것을 의미한다.'는 뜻이니까,

'당신은 나의 전부(全部)입니다

/You are my everything.

[유 아 마이 에브리띵]'이라는 의미가 되겠죠?

1)

'talk'라고 하면 '얘기하다'는 뜻인데, 거기다 '~ative'를 붙이면,

‘talkative [터커티브]’가 돼서

‘chatty [채티]/말이 많은, 수다스러운’의 뜻이 돼요.

‘act [액트]/활동하다

-active [액티브]/활동적(活動的)인’,

‘produce [프로듀스]/생산하다

-productive [프로닥티브]/생산적(生産的)인’,

‘innovate [이노베이트]/혁신하다

-innovative [이노베이티브]/혁신적(革新的)인’,

‘sense [센스]/감지(感知)하다

-sensitive [쎈써티브]/민감(敏感)한’

등의 경우가 동사에 ‘~tive’를 붙여서 형용사로 만든 실례(實例)가 되지요.

2)

‘말하다’라는 뜻의 단어는 ‘say [쎄이], speak [스픽], tell [텔], talk [토-ㅋ]’ 등으로 많은데, 그 용도(用途)가 조금씩 달라요.

(1)

‘say’는 어떤 말이든 상대(相對)에 상관없이 ‘말을 내뱉다’라는 의미로, 목적어가 없어도 되는 경우이고,

'The radio said it would rain tomorrow.

[더 레이디오 쌧 잇 울 레인 투머로우]

/라디오에서 그러는데, 내일 비가 온대.'라고 하면 돼요.

그런데, 굳이 목적어를 가질 때는 'to'라는 전치사를 써서,

'He said to me that her family would move to Seoul.

[히 쌧 투 미 댓 허 훼밀리 웃 무브 투 서울]

/그는 자기 가족이 서울로 이사 올 거라고 내게 말했다.'처럼 쓰죠.

(2)

말하는 상대가 분명할 때는 'say' 대신 'tell'을 써요. 그래서

'Tell me. [텔 미]

/내게 말해.'라는 노래도 있고요, 그런가 하면

'그러게 내가 뭐랬어.'

'내가 진작 말을 해 줬잖아.'라는 의미로

'I told you. [아이 톨 쥬]'라고 합니다.

(3)

그리고 'speak'라는 단어는, 대중(大衆)에게 말을 하거나, 언어를 말한다
고 할 때 쓰여서, 연설(演說)을 할 때는

'Make a speech.

[메이크 어 스피치]

/연설하다'

'Speak to the public.

[스픽 투 더 퍼블릭]

/대중에게 연설하다.'

'Speaker [스피커]/연설자'

'Listener [리쓰너]/청취자(聽取者)'라고 하고,

'Can you speak Korean?

[캔 유 스피크 코리안]

/당신은 한국어를 할 수 있나요?'라고 해서 언어(言語)를 말할 때
는 꼭 'speak'이라는 단어를 씁니다.

(4)

그리고 전화에서
'제가 김 씨랑 통화(通話)하고 싶은데요.'라고 말하고 싶으면,

'Can I speak to Mr. Kim?

[캐 나이 스픽 투 미스터 킴]' 혹은

'Can I talk to Dr. Lee?

[캐 나이 턱 투 닥털 리]

/이 박사님과 통화할 수 있을까요?'라고 할 수 있습니다.

그런데, 'talk'는 그냥 노닥거리듯 이야기한다는 뜻으로 쓰이기에, '카톡' 등과 같이 그냥 수다를 떠는 의미의 'chat [챗]'으로 쓰여요.

3)

말할 때와 마찬가지로 듣는다고 할 때도, 그냥 '들리는 대로 듣는 것'을 'hear [히어]'라고 하고 '경청해서 듣는 것'을 'listen [릿쓴]'이라고 합니다.

그래서 '내 말이 들리느냐?'고 할 때

'Can you hear me?

[캔 유 히어 미]'라고 하고

'귀 기울여 잘 들으라.'는 말을

'Listen carefully.

[릿쓴 캐어플리]'라고 합니다. 그리고

'내 말을 들어 봐.'라고 하려면,

'Listen to me. [릿쓴 투 미]',

'부모님 말씀을 잘 들어라.'라고 말하려면

'Listen to your parents.

[릿쓴 투 유어 페어런쯔]'라고 합니다.

58

●

콩트 하나

- They walked where they went

/그들은 어디든 걸어서 다니셨단다

열 개의 속담(俗談)을 공부할 때마다 한 개의 조크로 웃고 가면 어떨까 해요. 제법 유머 감각(感覺)이 있어서 늘 주변 사람들을 웃게 만든다는 우리 큰아들은, 제가 이런 조크를 하면, "엄마, 썰렁하다 못해 추워요."라고 하는데, 그래도 저는 이런 조크가 좋아서 공유(共有)하고 싶어요. 세대(世代)가 달라서 그럴 수도 있잖아요. 싫으면 'skip [스킵]/건너뛰기'하시면 되죠?

제가 기독교인(基督敎人)으로 살면서 미국 Texas, 'Lakewood Church [텍사스 레이크우드 쳐치]'의 'Joel Osteen [조엘 오스틴]' 목사님의 설교(說敎)를 듣다 보니, 시작할 때 간단한 콩트로 시작을 해서 청중(聽衆)들을 웃게 만들었는데, 너무 재미있고 인상적(印象的)이라서 받아 적어 놨거든요. 한번 감상(感傷)해 보실까요?

A teenager had gotten his driver's permit.

십 대 소년이 운전면허를 땄어요.

He asked his father if he could borrow the car.

그리곤 아버지께 아빠 차를 빌려달라고 했죠.

The Dad said 'Son, I will make a deal with you.
아빠가 말하기를, "애야, 나랑 거래를 하자꾸나!"

"If you bring your grade up and read your Bible every day,
"만약에 네가 성적을 올리고 매일 성경을 읽고

and get your haircut, I will let you borrow the car."
머리를 깎는다면 차를 빌려주지."

The son came back a month later and asked about it.
한 달 뒤에 아들은 아빠에게 와서 문의를 합니다.

The Dad said "Oh son, you've brought your grade up,
아빠는 말하기를 "애야, 너는 성적도 올렸고,

you've been reading the Bible."
성경도 읽었는데,

"But you still haven't got your haircut."
아직 머리는 깎지 않았구나."라고 했어요.

He said "Well Dad, I've been thinking about it.

그러자 아들은 말하기를 "저, 제가 생각을 해 봤는데요,

Moses had long hair, Samson had long hair, and even Jesus had long hair."

모세도 장발이었고, 삼손도 장발이었고, 심지어 예수님도 장발이었더라고요."

He said *Yes, son, and they walked everywhere they went.*"

그러자 아빠가 말하기를 "그래, 아들아. 근데 그분들은 어딜 가든 걸어다니셨단다."

노래 하나

- Step by step/차근차근

Step by step, One by one/차근차근 하나씩 하나씩

스텝 바이 스텝, 완 바이 완

They say that's the way/그렇게 해야 한다지요.

데이 쎄이 댓쯔 더 웨이

Step by step, One by one/차근차근 하나씩 하나씩

스텝 바이 스텝, 완 바이 완

Is that the right way?/그게 맞는 걸까?

이즈 댓 더 롸잇 웨이?

I wanna go faster/난 더 빨리 가고 싶은데

아이 워너 고 홰스터

I want an easier way/난 더 쉬운 길이 좋아

아이 원 언 이지어 웨이

Isn't there any way to?/그런 길이 없을까?

이즌 데어 애니 웨이 투?

Hurry, hurry/서둘러, 서두르라고

허리, 허리

No, No my baby/안 돼, 애야

노, 노 마이 베이비

That could be dangerous/위험할 수가 있어

댓 쿳 비 대인저러스

You might fall down/넘어진다고!

유 마잇 휠 다운!

Step by step, One by one/차근차근 하나씩 하나씩

스텝 바이 스텝, 완 바이 완

They say that's the way/그렇게 해야 한다지요.

데이 쎄이 댓쯔 더 웨이

Step by step, One by one/차근차근 하나씩 하나씩

스텝 바이 스텝, 완 바이 완

Is that the right way?/그게 맞는 걸까?

이즈 댓 더 롸잇 웨이?

I wanna go faster/난 더 빨리 가고 싶은데

아이 워너 고 홰스터

I want an easier way/난 더 쉬운 길이 좋아

아이 원 언 이지어 웨이

Isn't there any way to?/그런 길이 없을까?

이즌 데어 애니 웨이 투?

Hurry, hurry/서둘러, 서두르라고

허리, 허리

Can't we cut corners?/지름길을 갈 수 없어?

캔 튀 컷 코너즈?

Isn't there any royal road?/왕도가 있을 거 아냐

이즌 데어 애니 로열 로드?

I wanna go faster/난 빨리 가고 싶다고

아이 워너 고우 훼스터

But He still says/하지만 그는 여전히

밧 히 스틸 쎄즈

No, No my baby/안 된다네

노, 노 마이 베이비

That could be dangerous!/위험할 수 있다고

댓 쿳 비 대인저로스!

Step by step, One by one/차근차근 하나씩 하나씩

They say that's the way/그렇게 해야 한다지요.

Step by step, One by one/차근차근 하나씩 하나씩

Is that the right way?/그게 맞는 걸까?

I wanna go faster/난 더 빨리 가고 싶은데

I want an easier way/난 더 쉬운 길이 좋아

Isn't there any way to?/그런 길이 없을까?

Hurry, hurry/서둘러, 서두르라고

No, No my baby/안 돼, 애야

That could be dangerous/위험할 수가 있어

You might fall down/넘어진다고!

Step by step, One by one/차근차근 하나씩 하나씩

They say that's the way/그렇게 해야 한다지요.

Step by step, One by one/차근차근 하나씩 하나씩

Is that the right way?/그게 맞는 걸까?

I wanna go faster/난 더 빨리 가고 싶은데

I want an easier way/난 더 쉬운 길이 좋아

Isn't there any way to?/그런 길이 없을까?

Hurry, hurry/서둘러 서두르라고

Can't we cut corners?/지름길을 갈 수 없어?

Isn't there any royal road?/왕도가 있을 거 아냐

I wanna go faster./난 빨리 가고 싶다고

But He still say/하지만 그는 여전히

No, No my baby/안 된다네

That could be dangerous/위험할 수 있다고

11. The tongue is boneless, but it breaks bones

[더 텅 이즈 보운리스, 바 맅 브레익스 보운즈]

/혀는 뼈가 없으나 뼈를 부러뜨린다

1)

'tongue'은 아이들이 발음을 제일 헷갈려하는 단어죠. 그냥 '터~엉' 하고 길게 말하면 되는데 '통그'라고 하곤 해요. 우리말에서도 혀를 의미심장(意味深長)하게 표현하는데, 영어도 조금 그런 것 같아요. 그래서,

'야! 말조심해!'라고 할 때

'Watch your tongue!

[워치 유어 텅-]'

'Watch your language!

[워치 유얼 랭귀지]'라고 하지요. 그리고

발음하기 어려운 단어를

'tongue-twister

[텅 트위스터]

/혀를 비트는 것'이라고 해요.

　오래전에 제가 영어 전공(專攻)자가 아니면서, '국제사회(國際社會)에서 생존(生存)하려면 영어는 한국인이 한국어를 하듯이 해야겠다.'고 생각하고, 처음 구입(購入)한 영어회화 교재가, 테이프와 함께 나온 '민병철 영어회화'였는데, 거기서 가장 기억에 남는 표현이,

2)

'It's on the tip of my tongue.

[이츠 온 더 팁 오브 마이 텅-]'이었어요.

여기서 'tip [팁]'이라고 하면

'뾰족한 끄트머리'를 의미하니까,

직역을 하면 '그것은 내 혀의 끝에 있다.'는 말이 되는데, 결국

'혀끝에 뱅뱅 도는데 말이 나오지 않는다.'는 말이죠.

(1)

'tip'이란 말이 나온 김에

'I feel tip-top. [아이 필 팁탑]'이라고 하면

기분이 완전 꼭대기 끄트머리라는 의미니까, 흔한 말로

'기분이 끝내주게 좋다.'는 정도의 뜻이 되겠고요,

우리가 '까치발을 한다.'는 말을

'tiptoe [팁토우]'라고 하는데,

'I tiptoed to my room.

[아이 팁토우드 투 마이 룸]'이라고 하면

'나는 까치발을 하고 내 방으로 갔다.'는 말이 됩니다.

보통 '학교 등을 걸어서 간다.'고 할 때는

'I walk to school.

[아이 웍 투 스쿨]'이라고 합니다.

'toe [토우]'는 '발가락'이라는 뜻이라서 발레리나들이 발레를 할 때 '앞 발꿈치에만 신는 신발'을

'toe-shoes [토-슈즈]'라고 하지요.

(2)

여기서 'toe [토우]/발가락'을 잘 기억하시려면, 어릴 적에 신체(身體)부위(部位)를 배우는 노래로, '머리, 어깨, 무릎, 발, 무릎, 발' 하는 노래가 있었죠.

그게 영어로는 'Head [헤드]/머리

and [앤]

shoulders [숄더즈]/어깨,

knees [니즈]/무릎

and[앤]

toes [토우즈]/발(이 아니고 발가락),

knees and toes [니즈 앤 토우즈]' 이렇게 돼서

'toe [토우]'는 'foot [푸트]/발'이 아니고, '발가락'이거든요. 그렇게 기억하시면 되겠네요.

3)

'boneless [보운리스]'와 같이 ~less를 활용해서,

homeless [호움리스]/집이 없는, 노숙(露宿)자

useless [유즈리스]/쓸모없는,

moneyless [마니리스]/돈이 없는, 무일푼

hopeless [호프리스]/희망이 없는, 불치의

endless [엔드리스]/끝이 없는

speechless [스피치리스]/말이 없는, 할 말이 없는

priceless [프라이스리스]/가격이 없는, 아주 귀중한

countless [카운트리스]/셈이 없는, 셀 수 없이 많은

wireless [와이어리스]/선이 없는, 무선의

등의 표현이 있어요.

'bone [보운]'은 '뼈'를 말하는데,

너무 추워서 '뼛속까지 시리다'는 말은

'I am chilled to the bone.

[아이 앰 췰드 투 더 보운]'이라고 하고,

'The icy wind chilled me to the bone.

[디 아이시 윈드 췰드 미 투 더 보운]

/차가운 바람이 내 뼛속까지 시리게 했다.'

'She is all skin and bone.

[쉬 이즈 올 스킨 앤 보운]'이라고 하면

'그녀는 말라서 가죽과 뼈만 남았다.'는 뜻이 됩니다.

12. Don't judge a book by its cover

[도운 져지 어 북 바이 이즈 커버]

/책 표지(表紙)만 보고 책을 판단(判斷)하지 마라

/겉모습만 보고 판단하지 마라

1)

'Judge [져지]'는 '판단하다'라는 동사도 되고 '재판관(裁判官), 판사'라는 명사도 되는데,

운동경기(運動競技)에서는 '심판(審判)'을 'Judge'라고도 하고, 'Umpire [엄파이어]'라고도 합니다.

일반 판사는

'Judge [져지]'라고 하지만

미국 대법원의 판사(判事)는

'Justice [저스티스]/정의(正義)'라고 하니까,

그만큼 신뢰(信賴)할 만하다는 뜻이 되겠죠?

2)

여기서 'book [북]'이라는 단어도 동사도 되고 명사도 되는데, 영어에는 그런 단어들이 참 많고, 요즈음 들어서는 더더욱 명사를 동사화해서 쓰는 경우를 자주 볼 수가 있어요.

'book'을 명사로 보면

'책'이라는 말이지만,

동사로 쓰면

'예약(豫約)하다'(예약을 하려면 장부(帳簿)에 기입(記入)을 해야

하니까 그런 뜻이 되지 않겠어요?), '표를 사다' 등의 뜻이 돼요.

3)

'cover [커버]'라는 말도 명사로는

'겉표지(表紙)'라는 뜻으로

'cover story [커버스토리]'라고 하면,

'표제(標題)기사' 즉,

'표지와 관련된 기사'라는 뜻이지만, 동사로는

'덮다', '덮어씌우다'라는 뜻이 돼서

'The whole village is covered with snow.

[더 호울 빌리지 이즈 커버-드 윗 스노우]

/온 동네가 눈으로 덮였다.'라고 할 수가 있지요.

4)

여기서 'cover [커버]'에 접두사 'un'을 붙여서,

'uncover [언커버]'라고 하면

'덮개를 열다, 뚜껑을 열다', 또는

'적발(摘發)하다'라는 뜻이 되고, 'dis'를 붙여서

'discover [디스커버]'라고 하면

'어떤 존재(存在)를 발견(發見)하다,

감춰진 것을 발견하다'라는 뜻이 됩니다. 그러므로

'Discovery Channel

[디스커버리 채널]'에서 감춰졌던 놀라운 사실을 발견한 것들을

보여 주는 것을 기억하면 이해가 쉽겠지요.

13. Don't count your chickens before they hatch

[도운 카운트 유어 치킨 비퍼 데이 해취]

/알이 부화(孵化)하기 전에 닭을 세지 마라

/김칫국부터 마시지 마라

'count [카운트]'는 본래 '세다'라는 뜻이고 'up [업]'은 '위쪽으로', 'down [다운]'은 '아래쪽으로'라는 뜻이므로,

1)

'count down [카운트 다운]'이라고 하면

권투에서 심판처럼 ten, nine, eight, seven, six 이렇게

'거꾸로 세는 것'을 말하며,

'count up [카운트 업]'이라고 하면

one, two, three, four 이렇게

'낮은 수부터 세어 올라가는 것'을 말합니다.

그래서 어린아이에게

'너 1부터 10까지 셀 수 있어?'라고 물으려면,

'Can you count up to ten?'

[캔 유 카운트 업 투 텐]이라고 하면 됩니다.

2)

여기서 'up to'라고 하면

'위로 ~까지 올라온'의 뜻이 되는데,

예를 들어 누군가에게 감정이 차올라 있다고 하고 싶을 때

'I am up to my neck with him!

[아이 앰 업 투 마이 넥 윗 힘]'이라고 하면

'그에 대한 감정이 목까지 차올랐다.'는 뜻이 돼서,

'매우 감정(感情)이 좋지 않아 폭발(爆發) 직전(直前)'이라는 뜻입

니다.

또한 'What are you up to?

[와라 유 업 투]'라고 하면 딴짓을 하는 사람에게

'어디다 한눈을 파느냐?'는 의미로 쓰이고,

'It's up to you.

[이쯔 업 투 유]'라고 하면

'그것은 당신에게 달려 있다.', '당신 처분(處分)에 달렸다.'는 뜻이

되고,

'그걸 나에게 맡겨.'라고 하고 싶으면

'Leave it to me.

[리 빗 투 미]'라고 하면 되고,

'나는 그것을 당신에게 맡기겠다.'라고 하려면,

'I will leave it up to you.

[아이 윌 리비 럽 투 유]'라고 하면 됩니다.

또 '나를 혼자 내버려두라'는 말을

'Leave me alone.

[리브 미 얼로운]'이라고 합니다.

3)

그런가 하면, 'count in [카운 틴]' 하면 '끼워 주다'라는 뜻이 돼서,

'Count me in, please.

[카운트 미 인, 플리스]'이라고 하면

'나 좀 끼워 줘.'라는 말이고,

'난 빼 줘.'라고 하려면

'Count me out. [카운트 미 아웃]'이라고 하면 됩니다.

또한 '난 이번엔 그냥 참여(參與)하지 않겠다.'고 하려면

'I will pass this time.

[아 윌 패스 디스 타임]'이라고 하면 되겠습니다.

4)

그리고 '닭' 혹은 '통닭'이라고 하는

'chicken'을 사람에게 써서

'He is a chicken.

[히 이저 치킨]'이라고 하면,

'그는 coward [카-워드]/겁쟁이다.'라는 뜻이 됩니다.

그리고 'hatch

[해치]/부화(孵化)하다'를 명사로 쓰면,

바닥이나 천정에 달려 있는 '출입문(出入門)'을 가리켜 말합니다.

14. Dead men tell no tales

‘dead [데드]’는 ‘죽어 있는’이라는 뜻의 형용사이고,

‘die [다이]’는 ‘죽다’라는 동사이며,

‘death [데-ㅆ]’는 ‘죽음’이라는 명사입니다.

그래서 ‘Over my dead body.

[오우버 마이 데드 바디]’라는 말은

‘죽으면 죽었지 절대 안 된다.’라는 뜻으로,

‘내 죽은 시체(dead body)를 넘어서 하라.’는 의미가 되니까, 아주

완곡히 거절(拒絕)하는 뜻이 되겠죠.

1)

우리가 흔히 ‘죽겠다’는 말을 자주 쓰는데, 영미인들도 마찬가지로 힘들

면 그런 표현을 써서, 너무 힘들어 죽겠다는 말을 'I am dying. [아이 앰 다 인]/나 죽네!'라고 하는데, '죽는다는 소리 좀 하지 마라.'라고 할 때 'Don't say *die*. [도운 쎄이 다이]'. 혹은 'Never say *die*. [네버 쎄이 다이]'라고 한 답니다. 'say'와 관련된 표현에,

Say *yes*. [쎄이 예쓰]라고 하면,

동의하라는 말이고,

Say *no*. [쎄이 노우]라고 하면,

거절하라는 뜻이며,

Say *please*. [쎄이 플리쓰] 하면,

공손히 'please'라는 말을 붙이라는 뜻이 되고,

Say *sorry*. [쎄이 쏘리]라고 하면,

'sorry'라고 말해서, 사과하라는 뜻이 됩니다.

이 밖에도, Say *Hello*. [쎄이 헬로우]라고 하면,

인사하라는 뜻이 되고,

Say *goodbye*. [쎄이 굿바이]라고 하면,

작별(作別) 인사를 하라는 말이 됩니다.

2)

'tell'이라는 말은 '말해 주다, 알려 주다'라는 뜻인데, 여기다 '~er'을 붙이 면, '말하는 사람'이라는 뜻이 돼서,

'story teller [스토리 텔러]'라고 하면

'이야기꾼'이라는 뜻이고,

'fortune teller [포춘 텔러]'라고 하면

'미래 운을 얘기하는 사람'이 되니까,

'점쟁이' 정도가 되겠습니다.

또한 'tale [테일]'이라고 하면 '이야기'라는 뜻이므로 'Fairy Tale [훼어리 테일]'을 직역하면 '요정(妖精) 이야기'라는 뜻이 되는데, '동화(童話)책'을 일컬어 'Fairy Tale'이라고 한답니다. 달리 생각해 보면, '요정'이란 존재를 믿는 사람이 누구일까를 생각해 보면, 아이들을 위한 책이란 걸 유추(類推)해 볼 수 있겠지요.

15.   Every dog has his day

[에브리 도그 해즈 히즈 데이]

/모든 개는 자기의 날이 있다

/쥐구멍에도 볕 들 날 있다

'개도 자기(自己)의 날이 있는데, 하물며 인간(人間)인 내게도 좋은 날이 있지 않을까?'라고 생각해 보면 어떨까요? 그래서 '쥐구멍에도 볕 들 날이 있다.'는 말이 이해가 가시지요?

'dog/개'라고 하면, '개판, 개복숭아, 개진상, 개소리' 등등 그다지 좋지 않은 의미를 말할 때 앞에 '개'라는 말을 여러 말 앞에 붙여서 저질(低質)스럽게 표현하곤 하는데, 개띠의 한 사람으로서 때론 상당히 불쾌(不快)할 때가 있어요.

솔직히 동물 중에서 개만큼 충성(忠誠)스럽고, 영리하며, 유용(有用)한 동물이 어디 있겠어요? 'Shepherd [쉐퍼-드]'는 집과 동물들을 잘 지키죠, 'Pointer [포인터]'는 사냥에 잘 쓰이죠. 안내견(案內犬)에, 경찰견(警察犬)

에, 썰매 끄는 개에… 오죽하면 시원치 않은 사람을 일컬어 개만도 못하다고, 그 충성심(忠誠心)과 성실성(誠實性)을 실토(實吐)하면서도, 이상하게 나쁜 뜻의 말에 '개' 자를 쓴단 말이죠. 고칠 수 있으면 좀 고쳤으면 좋겠어요.

개 이야기가 나왔으니 말인데, 우리나라의 '패티 김'이 그 이름을 따올 정도로, '미국의 이미자'라고 할 만큼 미국에서 유명한 'Patty Page/패티 페이지'의 노래 중에

'How much is that doggy in the window?
[하우 머취 이즈 댓 도기 인 더 윈도우]
/창에 있는 저 개는 얼마죠?'라는 노래가 있습니다.

노래 중에 'I do hope that doggy is for sale.'라는 말이 나오는데, 여기서 do는 강조를 위한 표현으로서, 그냥 'I hope [아이 호웁]/나는 희망(希望)한다.'라고 해도 될 것을, '정말 그러기를 바란다.'는 의미로 'I truly, really hope [아이 트룰리, 리얼리 호웁]'라는 정도의 뜻으로 'I do hope'라고 한 것으로 이해를 하면 되겠습니다.

그러니까 그냥 난 커피를 좋아한다고 하고 싶으면,
'I like coffee.
[아이 라익 커피]' 혹은

‘I love coffee.

[아일 러브 커피]’라고 하겠지만,

‘난 정말, 진짜로 커피를 좋아한다.’고 강조하고 싶으면,

‘I do love coffee.

[아이 둘 러브 커피]’라고 하면 되는 것이죠.

그런가 하면 ‘Do you ~?’라는 형식으로 물어올 때, 간단히 ‘I do.’라고 대답하고 ‘Did you~?’라고 할 때 ‘I did.’라고 간단히 대답하기도 합니다.

그리고 ‘for sale [훠 쎄일]/판매용(販賣用)의’라는 뜻이며, ‘on sale [온 쎄일]’이라고 하면 ‘할인(割引) 행사(行事) 중’이라는 뜻으로,

‘Is this for sale?

[이즈 디스 훠 쎄일]’이라고 하면

‘이것은 판매용입니까?’라는 뜻이고,

‘They are on sale, today.

[데이 아 온 쎄일]’이라고 하면

‘그것들은 오늘 행사 중, 할인판매(割引販賣) 중’이라는 뜻이 됩니다.

●

난센스 퀴즈 하나

저는 사실 딱딱한 얘기보다는 할 수 있는 한 재미있는 이야기를 하고 싶거든요. 지식을 전달하는 일이 항상 즐거울 수만은 없겠지만, 가능하면 웃어가면서 하면 좋잖아요? '아재개그'라고 하나요? '난센스 퀴즈' 몇 개 내드릴 테니 잠시 웃어 보셔요.

'난센스'라는 말은 영어로 'Nonsense'가 돼서, 원래 '말도 안 되는 소리, 개떡 같은 소리'라는 뜻이에요. 누가 무슨 말을 하는데 '턱도 없는 소리'라고 하고 싶으면 'It's nonsense!', 혹은 그냥 'Nonsense!'라고 하면 되는 거죠.

1. 우유가 넘어지면서 뭐라고 할까요?

2. 왕에게 작별인사를 할 때는?

3. 반성문을 다른 우리말로 하면?

답 : 1. 아야 2. 바이킹 3. 글로벌

16. It takes two to tango

[잇 테익스 투 투 탱고]

/탱고를 추려면 둘이 있어야 한다

/손바닥도 부딪쳐야 소리가 난다

동서양(東西洋)을 막론하고 사람의 심리(心理)는 비슷한 것 같아요. 혼자서만 결백(潔白)한 척 발뺌을 하려 할 때, '어떻게 그런 일을 혼자서 할 수가 있었겠느냐, 둘이어야 될 일인데.'라는 의미로 말할 때 쓰는 말이 되겠지요. '탱고'를 춤 이름인 명사 정도(程度)로만 생각하기 쉬운데, 여기서 탱고는 '탱고 춤을 추다'라는 동사로 쓰였어요.

1)

그리고 'take [테익]'라는 동사는 용도(用途)가 매우 많은 동사로서, 특히나, '시간이 얼마가 걸리다', '얼마가 소요(所要)되다'라는 정도의 뜻으로서,

'여기서 서울까지 얼마나 걸리나요?'라고 할 때

'How long does it take from here to Seoul?

[하울 롱 더즈 잇 테익 후롬 히어 투 서울]'에도 쓰이고, 여기에서

처럼 '탱고를 추려면 두 사람이 필요(必要)하다.',

'It takes two to tango.

[잇 테익스 투 투 탱고]' 정도의 의미가 됩니다.

2)

우리가 흔히 말하는 'give and take [기브 엔 테익]/주고받기'라는 말에서 'take'는 '가져가다, 취하다'의 의미입니다. 물론 사람에 대해 'take'를 쓰면 '데려가다'라는 뜻이 돼서,

'존 덴버'가 부른 노래 제목처럼

'Take me home, country road.

[테익 미 홈 컨츄리 로드]

/나를 시골 고향(故鄕)집에 데려다주세요.'라고 쓸 수 있고,

또 흔히 쓰는 표현으로, 물건 등을 고를 때

'가져가려면 가져가고, 아니면 놔둬라'라는 뜻으로

'Take it or leave it.

[테이크 잇 오-어 리 빗]'이라는 표현도 쓰입니다.

17. United we stand, divided we fall

[유나이티드 위 스탠드, 디바이디드 위 휠]

/뭉치면 살고, 흩어지면 죽는다

/합성산패(合成散敗)

이솝의 우화(寓話)에 나오는 이야기로 우리나라에서는 이승만 박사님이 국민들에게 한 말로 유명(有名)하지요. 옛날얘기를 다시 되새겨 보자면, 옛날에 늙은 아버지가 임종(臨終)을 앞두고, 유언(遺言)을 하려고 세 아들을 불러 앉히고는 나뭇가지 한 다발을 가져오라고 했대요. 그리고는 세 아들들에게 번갈아 가며 그것을 부러뜨려 보라고 했답니다.

세 아들이 다 각각 시도(試圖)를 해 봤지만, 아무도 나뭇가지 다발을 부러뜨릴 수가 없었어요. 그러자 아버지는 나뭇단을 풀도록 하고는, 나뭇가지를 하나씩 부러뜨려 보라고 했어요. 그래서 한 가지씩 부러뜨렸더니. 아주 쉽게 부러뜨릴 수가 있었답니다. 이와 같이 우리가 힘을 합치면 쉽게 적(敵)을 무찌를 수가 있지만, 내부적(內部的)으로 분열(分裂)이 되면 누구도 이길 수가 없게 되겠지요.

1)

'unite [유나잍]'는 '연합(聯合)하다, 합치다'라는 뜻으로,

'United Nations,

[유나이티드 네이션즈] U.N.

/유엔, 국제연합(國際聯合)',

'United States of America

[유나이티드 스떼이쯔 오브 아메리카], U.S.A.

/미합중국'으로 쓰입니다.

2)

'stand [스탠드]'라는 단어는 동사로는 '서다'라는 뜻 이외에도, '견디다, 참다'라는 뜻으로 많이 쓰이는데, 예를 들어

'I can't stand it.

[아이 캐앤트 스탠 딧]'라고 하면

/나는 그것을 견딜 수 없다.

'I can't stand his temper any more.

[아이 캐앤트 스탠 히스 템퍼 애니 모어]'

/'그의 성질(性質)머리를 더 이상 견딜 수 없다.'는 뜻이 됩니다.

(1)

여기서 'temper [템퍼]/성미(性味), 성깔'에 대해서 얘기를 하자면,

'He is short-tempered.

[히이즈 쇼트 템퍼-드]'라고 하면,

'그는 성질(性質)이 급하다.'

'He is bad-tempered.

[히이즈 뱃 템퍼-드]'

'그는 성질이 아주 못됐다.'

'He is hot-tempered.

[히이즈 핫-템퍼드]'라고 하면

'그는 불같은 성격(性格)이다.'라는 뜻입니다.

(2)

성미가 급한 사람을 보고 '성질(性質)을 좀 죽여라.'고 할 때는,

'Hold your temper.

[홀 듀어 템퍼]' 혹은

'Hold your horses.

[홀 듀어 홀시즈]'라고 한답니다.

3)

'divide [디바이드]'는 '나누다'는 뜻으로 'division [디비젼]'이라고 하면 '분할(分割), 나누기'가 됩니다.

'Nine divided by three equals to three.

[나인 디바이디드 바이 뜨리 이퀄-즈 뜨리]

/9 나누기 3은 30이다.'로 표현할 수 있지요.

4)

'fall'은 '떨어지다'의 뜻으로 낙엽(落葉)이 떨어지는 '가을'을 'Autumn'이라는 말 외에 'Fall'이라고 해서, 가을을 연상하는 '고엽(枯葉)'이라는 노래도 'Falling Leaves [휠린 리브즈]' 또는 'Autumn leaves [오우텀 리브즈]'라고 하지요. '넘어진다'는 뜻으로 'fall down'을 써서,

'넘어지지 말라'라고 할 때

'Don't fall down.

[도운트 휠 다운]'이라고 합니다.

또한 '~에 빠지다'라는 뜻으로도 쓰여, 'fall asleep [휠 러슬립]/잠이 들다', 'fall in love with ~ [휠 인 럽 윗]/~와 사랑에 빠지다' 등으로 다양(多樣)하게 쓰입니다. 예를 들어,

'나는 그녀와 첫눈에 사랑에 빠졌다.'고 말하고 싶으면,

'I fell in love with her at first sight.

[아이 휄 린 러브 윗 허 앳 퍼스트 싸이트]'라고 하면 되겠지요.

18. Misery loves company

[미저리 러브즈 컴퍼니]

/고난은 함께 겪기(동행)를 좋아한다

/동병상린(同病相燐)

'misery [미저리]'라는 말은,

'miserable [미저러블]/비참한'의 명사형으로,

'비참(悲慘)함, 불행, 고통(苦痛)' 정두의 의미입니다.

참고로 'Les Miserables

/레미제라블, 장발장'이라는 프랑스 소설(小說)은 영어로 말하자면

'The Miserable

[더 미저러블]'이 돼서,

'비참(悲慘)한 사람' 정도의 뜻이 되겠습니다.

이는 문법적으로 〈the+형용사=추상명사〉가 되므로,

옛날 서부영화 제목에

'The Good [더 굿],

The Bad [더 뱃],

The Ugly [디 어글리]'라는 영화를 우리말로

'황야(荒野)의 무법자(無法者)'라고 번역을 했는데,

이 말의 의미는 결국,

'착한 자, 나쁜 자, 못생긴 자'라는 뜻이므로,

영화에서 마지막까지 살아남은 세 사람의 캐릭터를 그렇게 표현한 것

같았습니다.

'company [컴퍼니]'라는 말은 '회사(會社), 함께 있음'의 뜻이 있으므로,

'고난(苦難)을 겪을 때는 누군가와 함께 겪기를 희망(希望)한다.'는 정도

로 이해를 하면 될 것 같은데,

'companion [컴패니언]'은

'동반자(同伴者), 동행(同行)'이라는 뜻이고

'companionship [컴패니언쉽]'은

'friendship [후랜쉽]/동료애(同僚愛), 우정(友情)'이라는 뜻이 됩

니다.

19. Empty vessels make the most sound

[엠프티 베쓸즈 메익 더 모스트 싸운드]

/빈 수레가 요란하다

1)

'Empty [엠프티]'라는 말은 형용사로는 '비어 있는'이라는 뜻이지만, 동사로는,

'Empty your bag.

[엠프티 유어 백]

/가방을 비우세요.'

'Did you empty the trash bin?

[디드 유 엠프티 더 트래시 빈]

/쓰레기통 비웠어?'와 같이, '비우다'라는 뜻으로 활용할 수 있습니다.

그리고 ‘vessel [베쓸]’이라는 말은, 대형선박(大形船舶), 액체(液體)를 담는 ‘그릇/container [컨테이너]’라는 뜻으로 쓰이고, 동물(動物)의 ‘혈관(血管)’을 말할 때 ‘blood vessel [블러드 베쓸]’이라고 합니다.

쓰레기통이라는 말은

‘trash bin [트래시 빈]’이라는 말 외에도,

‘garbage can(bin) [가-비지 캔(빈)]’,

‘waste basket [웨이스트 배스킷]’,

‘dust bin [더스트 빈]’,

‘liter bin [리터 빈]’ 등과 같이 다양하게 쓰입니다.

3)

그리고 ‘most’라는 말은 ‘the’와 함께 최상급을 만드는 데 쓰여서,

‘The most beautiful lady in the whole world

[더 모스트 비유리플 레이디 인 더 호울 월드]

/세상(世上)에서 가장 아름다운 여성(女性)’처럼 쓸 수 있지만,

‘the’ 없이 ‘most’만 쓰면, ‘대부분’이라는 뜻으로,

‘Most people think he is a great president.

[모스트 피플 띵크 히 이 저 그레잇 프레지던트]
/대부분(大部分)의 사람들은 그가 훌륭한 대통령(大統領)이라고
생각한다.'처럼 쓸 수 있습니다.

20. Like father, like son

[라이크 파더, 라이크 썬]

/그 아비에 그 아들. 부전자전(父傳子傳)

Like mother, like daughter

[라이크 마더, 라이크 도우터]

/그 어미에 그 딸. 모전여전(母傳女傳)

잘 아시다시피, 'like'라는 단어는 동사로는 '좋아하다'는 뜻이고 전치사로는 '~같은, ~처럼'의 의미로 쓰입니다. 여기서는 형용사로서 '비슷한'이란 의미로 쓰였습니다.

* 전치사로 쓰인 경우는

He swims like a fish.

[히 스윔즈 라이 커 피쉬]

/그는 물고기처럼 수영(水泳)을 잘한다.'

He eats like a pig.

[히 이쯔 라이 커 피그]

/그는 게걸스레 먹는다.

She eats like a bird.

[쉬 잇쯔 라이 커 버-드]

/그녀는 소식(小食)한다, 깨작거리고 먹는다.

She sings like a bird.

[쉬 씽즈 라이 커 버-드]

/그녀는 새처럼 노래를 잘한다.

I slept like a log.

[아이 슬렙트 라이크 어 로오그]

/나는 (통나무처럼) 곯아떨어져 잤다.

라고 이해를 하면 되겠습니다.

한번은 제가 태평양의 섬나라 국빈(國賓)과 대화(對話)를 하는데,

'You speak like Hillary!

[유 스피클 라이크 힐러리]

/당신은 힐러리처럼 말한다.'라는 말을 들은 적이 있습니다. 개인

적(個人的)으로 '힐러리'를 좋아하지는 않았지만 듣기 싫지는 않았

지요. 여기서도 'speak like'가 '~처럼 말한다'는 뜻이 되겠습니다.

20개의 속담(俗談)을 했으니, 이제 다시 조크를 들어   11번~20번 듣기

볼까요?

●

콩트 둘
- Go to the sun at night
/태양에는 밤에 가

These three people, a Russian, an American and a blonde,

러시아 사람, 미국 사람, 금발, 이렇게 세 사람이

they were talking one day.

하루는 얘기를 하였습니다.

And the Russian proudly said

그런데, 러시아 사람이 자랑스럽게 말하기를

"We were the first ones in space."

"우리는 우주에 처음으로 간 국민이지."라고 했어요.

The American said

그러자 미국인이 말하기를,

"Well, we were the first ones on the moon",

"음, 우리는 처음으로 달에 간 민족이라오."

The blonde said "That's nothing.

그러자, 금발이 말하기를 "그건 아무것도 아니죠.

We're going to be the first ones on the sun."

우리는 태양에 처음으로 갈 거니까요."

The Russian and the American, they laughed and said

그러자 러시아 사람과 미국인이 웃고는 말하기를

"What are you talking about? You can't go to the sun.

"무슨 소리를 하는 거요? 태양에는 갈 수가 없어요.

It's too hot. You would burn up."

너무 뜨거워서 타 죽는다고요."

The blonde said "We are not that dumb.

그러자 금발이 말하기를, "우린 그렇게 멍청하지 않아요.

We will go at night."

우린 밤에 갈 거니까요."

* 여담(餘談) : 여기서는 기존의 관념(觀念)을 따라, 태양이 불덩이라서

뜨거워서 가까이 갈 수 없다는 전제(前提)하에 하는 이야기이고요,

아이큐 430의 천재적(天才的)인 지능을 가진 '허경영' 님의 말씀에 따르

면, 태양은 생다이아몬드로 돼 있어서 빛을 반사할 뿐 실제로는 뜨겁지가

않다고 합니다.

●

노래 둘

- I don't understand/난 이해가 안 가

They go up up up/다른 이들은 다 올라가는데

데이 고우 업 업 업

while I go down down down/나만 계속 내려가네

와일 아이 고우 다운 다운 다운

Everything theirs goes up up up

/그들 것들은 다 올라가는데

에브리띵 데어즈 고우 업 업 업

while everything mine goes down down down

/내 것들은 다 내려가네

와일 에브리딩 마인 고우즈 다운 다운 다운

What's happening?/무슨 일이지?

왓쯔 해프닝?

I don't understand/이해가 안 가네

아이 돈 언더스탠

Have I been in the Mars?/내가 화성에 갔다 왔나?

해브 아이 빈 인 더 마~즈

Where have I been at all?/난 대체 어디 갔다 온 거야?

웨어 해브 아이 빈 앳 올?

Things are changing so fast/세상이 너무 빨리 변해서

띵 자 췌인징 쏘우 홰스트

that I feel dizzy/난 어지러워

댓 아이 휠 디지

I need to hold onto something/뭔가 붙잡지 않으면

아이 닛 투 홀 돈투 썸띵

Or I fall down/넘어질 것 같아

오아 아이 휠 다운

Is anybody there?/거기 누구 없어요?

이즈 애니바디 데어?

I need some help/나 좀 도와줘요

아이 닏 썸 헬프

I need somebody to/내게 이 수수께끼를

아이 닛 썸바디 투

make sense of this puzzle/풀 사람이 필요해요

메익 쎈스 오브 디스 퍼즐

Or I fall down/넘어질 것 같아

오아 아이 휠 다운

Is anybody there?/거기 누구 없어요?

이즈 애니 바디 데어?

I need some help/나 좀 도와줘요.

아이 니드 썸 헬프

I need somebody to/내게 이 수수께끼를

아이 니드 썸바디 투

make sense of this puzzle/풀 사람이 필요해요

메익 쎈스 오브 디스 퍼즐

They go up up up/다른 이들은 다 올라가는데

데이 고우 업 업 업

while I go down down down/나만 계속 내려가네

와일 아이 고우 다운 다운 다운

Everything theirs goes up up up

/그들 것들은 다 올라가는데

에브이떵 데어즈 고우 업 업 업

They go up up up/다른 이들은 다 올라가는데

while I go down down down/나만 계속 내려가네

Everything theirs goes up up up

/그들 것들은 다 올라가는데

while everything mine goes down down down

/내 것들은 다 내려가네

What's happening?/무슨 일이지?

I don't understand/이해가 안 가네.

Have I been in the Mars?/내가 화성에 갔다 왔나?

Where have I been at all?/난 대체 어디 갔다 온 거야?

Things are changing so fast/세상이 너무 빨리 변해서

that I feel dizzy/난 어지러워

I need to hold onto something/뭔가 붙잡지 않으면

Or I fall down/넘어질 것 같아

Is anybody there?/거기 누구 없어요?

I need some help/나 좀 도와줘요.

I need somebody to/내게 이 수수께끼를

make sense of this puzzle/풀 사람이 필요해요

노래 듣기

21. Look before you leap

[룩 비퍼 율 립]

/뛰기 전에 보아라

/돌다리도 두들겨 보고 건너라

영어에서 '보다'라는 의미를 갖은 단어가 'see [씨이], look [룩], watch [워치], stare [스테어], glance [글랜스]' 등으로 많은데, 그중에 'see'라고 하면, 가시적(可視的)인 상태(狀態)로, 보이는 대로 보는 것을 의미(意味)한다고 이해하면 되겠습니다. 그냥 눈을 뜨고 있으니, 보이는 대로 보는 것을 'see'라고 이해하면 될 것 같아요.

1)

그래서 '너 저 나무가 보이니?'라고 묻고 싶으면,

'Can you see the tree?

[캔 뉴 씨 더 트리]'라고 해야 합니다.

그런가 하면 'look'은 시선(視線)을 돌려서 '바라보다'는 의미가 있어요.

2)

따라서 '어이, 여기 좀 봐요!'라고 하고 싶으면,

'Hey, look here! [헤일-룩 히어]'라고 한다거나,

'날 좀 바라보라.'고 하고 싶으면,

'Look at me. [룩 캣 미]'

'Take a look at me. [테이크 어 룩 캣 미]'라고 합니다.

(1)

그런가 하면 보통

'쳐다보는 것'을 위와 같이

'look at'이라고 하지만,

위로 '올려다보는 것'을

'look up [루 껍]'이라고 하고

여기에 다시 'to'를 붙여

'look up to [루 껍 투]'라고 하면,

'~를 존경(尊敬)하다'는

'respect [리스펙트]'의 뜻이 되고,

(2)

'look down [룩 다운]'은

'내려다보다'는 뜻이나

여기에 다시 'on'을 써서

'look down on [룩 다운 온]'이라고 하면

'despise [디스파이스]

/무시(無視)하고 깔보다'는 의미가 됩니다.

그래서 'Most Korean people look up to General Lee Soon-shin.

[모스트 코리안 피플 루 껍 투 제너럴 이순신]

/대부분의 한국 사람들은 이순신 장군(將軍)을 존경(尊敬)한다.'

'You should't look down on needy people.

[유 슈든틀 룩 다운 온 니디 피플]

/어려운 사람들을 무시(無視)하면 안 돼.'라고 할 수 있겠죠.

(3)

그런가 하면, 'look for [룩 훠]'라고 하면 '찾다'는 뜻이고, 'look into [룩 인투]'라고 하면 '조사(照査)하다'라는 의미가 돼서,

'What are you looking for?

[와 라 유 루킹 훠]'라고 하면

'뭘 찾으십니까?'라는 말이고,

(4)

'Let me look into your bag.

[렛 미 룩 킨투 유어 백]'이라고 하면

'당신의 가방을 조사해야겠습니다.'라는 뜻이 됩니다.

3)

또한 'watch'라고 하면 '주의 깊게 보다'는 의미가 있어서 TV나 영화를 본다고 할 때 'watch TV [워취 티비]'나 'watch a movie [워 쳐 무뷔]'를 쓰는 것이, 그냥 TV 수상기(受像機)를 쳐다보는 것이 아니라, TV에서 나오는 내용을 알고자 '주의(注意)를 기울여서 보다'는 의미가 있어서,

'Watch it carefully.

[워치 잇 케어플리]

/그것을 주의 깊게 보아라.'라고 쓸 수 있는 것입니다.

4)

그리고 'stare [스테어]'는 '응시(凝視)해서 뚫어지게 쳐다보는 것'이고, 'glance [글랜스]'는 '힐끗 보는 것'을 의미합니다.

이와 함께 위급(危急)한 상황(狀況)에서 '조심해!'라는 말을,

'Look out! [룩 아웃]',

'Watch out! [워치 아웃]'이라고 하고,

그냥 평상시(平常時)에 일반적(一般的)으로 '조심해서 하라'는 의

미로는

'Be careful. [비 캐어플]'이라고 하는 것도 구분(區分)해서 이해해

야 하겠습니다.

22. Pride goes before a fall

[프라이드 고우즈 비훠 러 훨]

/교만(驕慢)은 넘어짐 앞에 온다

/교만은 패망(敗亡)의 선봉(先鋒)이다

1)

'pride'라고 하면 보통 우리는 '자존심(自尊心)'과 연결 지어서 이해하고 있는데, 예문(例問)에서 보시다시피 'pride [프라이드]'는 '교만'이라는 약간 좋지 않은 의미로도 쓰입니다. 물론,

(1)

'Take pride in what you are doing.

[테이크 프라이드 인 왓 유아 두잉]

/네가 하고 있는 일에 자부심(自負心)을 가져라.'처럼 좋은 의미로도 쓰이지만, 위와 같이 그렇지 않은 경우도 많습니다.

이와 달리 '자부심(自負心), 자긍심(自矜心)'이라는 좋은 뜻으로는 'self-confidence [쎌프-컨피던스]', 'self-esteem [쎌프-이스팀]'이라는 단어를 쓰기도 합니다.

2)

또한 한국 사람들 중에 좀 배웠다는 사람들조차도 종종 실수(失手)하는 것이, 이 'pride [프라이드]'와 'privacy [프라이버시]'를 혼동(混同)해서 쓰는 경우인데,

'pride [프라이드]'는 '자존심(自尊心), 교만'이라는 뜻이고,
'privacy [프라이버시]'는 개인의 '사생활(私生活)'이라는 뜻이므로,
분명히 구분(區分) 지어서 실수 없이 활용(活用)해야겠습니다.

(1)

'pride [프라이드]/자존심'은 명사이고 그 형용사 형태가 'proud [프라우드]/자랑스러운'이어서

'I am proud of my son.
[아이 앰 프라우드 오브 마이 썬]
/나는 내 아들이 자랑스럽다.'

'Be proud of your job.

[비 프라우드 오브 유어 잡]'이라고 하면,

'너의 직업(職業)을 자랑스럽게 여겨라.'

'You must be proud of your parents.

[유 머스트 비 프라우드 오브 유어 페어런쯔]

/당신은 부모님이 자랑스럽겠군요.' 등과 같이 사용하면 되겠습

니다.

(2)

그리고 'privacy [프라이버씨]'는 '개인적(個人的)인 사생활(私生

活)'이라는 의미이므로,

'그것은 나의 사생활 문제이니 상관(相關)하지 말라.'는 의미로,

'It's a matter of my privacy.

[이쯔 어 매러 오브 마이 프라이버씨]' 혹은

'That's my privacy. [댓쯔 마이 프라이버씨]'라고 쓸 수 있겠습니다.

3)

여기서 'before'가 나왔으니 말인데, 우리가 생활(生活) 속에서 흔히 말

하는 'before', 'after'는, 'afternoon [애프터눈]'에서 'noon [눈]'이 정오(正

午)를 의미하므로, 'afternoon'은 정오가 지난 시간을 의미해서 '오후(午

後)'가 되고, 'before noon'이라고 하면 정오 이전이라는 것이니까 '오전(午前)에'라는 뜻이 되겠습니다. 또한 'After you. [애프터 유]'라고 하면, '내가 당신 뒤에 하겠다.'는 뜻이 되어서 '먼저 하시지요.'라는 양보(讓步)의 의미가 되는 것입니다.

23. You reap what you sow

[유 립 와츄 쏘우]

/네가 뿌린 것을 거둔다

/자업자득(自業自得)

'reap [립]'는 '거두다, 수확(收穫)하다'라는 의미이고, 'sow [쏘우]'가 '파종(播種)하다, 씨를 뿌리다'라는 의미이므로, '네가 뿌린 그것을 네가 거둔다.'라는 의미가 되는 것입니다. 'reap [립]'와 비슷한 발음으로 'leap [립]'은 위로 '뛴다.'라는 의미이고, 발음은 전혀 다르나 혼동하기 쉬운 단어로 'ripe [라입]'는 '과일 등이 익었다'라는 의미입니다.

여기서 'what you sow [왓 유 쏘우]'에서 what이 '네가 뿌린 그것'이라는 뜻인데, 이와 같이 선행사(先行詞)를 포함(包含)하는 관계대명사 'what'을 활용한 문장으로,

'I know what you mean. [아이 노우 왓 유 민]

/네가 의미(意味)하는 걸 안다.

Tell me what you want. [텔 미 왓 유 원]

/네가 원하는 것을 말해.

Take what you need. [테익 왓 유 닏]

/네가 필요(必要)한 것을 가져가.

What I know is true.

[왓 아이 노우 이즈 트루]

/내가 알고 있는 것은 사실(事實)이다.

I mean what I say.

[아이 민 왓 아이 쎄이]

/나는 내가 말하는 것을 의미한다. 즉, 진심(眞心)이야.'

와 같이 다양(多樣)하게 쓰입니다.

24. To teach a fish how to swim

[투 티치 어 피시 하우 투 스윔]

/물고기에게 수영(水泳) 가르치기

/번데기 앞에서 주름잡기

설명이 필요 없이 너무나도 간단하고 분명(分明)한 표현이라고 하겠는데, 굳이 한 가지 설명(說明)을 덧붙이자면, 여기서 'fish'라는 단어는 '명사/물고기'와 '동사/고기 잡다, 낚시하다'로도 쓰여서,

낚시하러 간다는 말을 'go fishing [고우 피씽]'이라고 하고,

'캠핑 가다/go camping [고우 캠핑]/캠핑 가다

go hiking [고우 하이킹]/도보여행(徒步旅行) 가다,

go shopping [고우 샵핑]/장 보러 가다

go mountain-climbing [고우 마운틴-클라이밍]

/등산(登山) 가다'라고 합니다.

1)

‘fish’는 단수(單數)와 복수(複數)의 형태가 똑같아서, 물고기가 여러 마리라도 그냥 ‘fish’라고 한다는 것을 기억하면 좋겠습니다.

(1)

그래서 ‘바다에 물고기가 많다.’고 하고 싶으면

‘There are a lot of fish in the ocean.

[데어 라 어 랏 오브 피시 인 디 오션]’이라고 하면 되고,

‘There are many kinds of fishes.

[데어 라 매니 카인즈 오브 피쉬즈]’라고 하면

‘많은 종류(種類)의 물고기가 있다’라고 이해를 하면 되겠어요.

(2)

그런가 하면,

‘They smell fishy. [데이 스멜 피쉬]

/그들은 비린내 나.’

‘You stink. [유 스팅크]

/너 나쁜 냄새 나.’

‘They smell bad. [데이 스멜 배드]

/그들은 나쁜 냄새 나.’

‘He smells garlic. [히 스멜즈 갈릭]

/그는 마늘 냄새가 나.'

'Something smells good.

[썸띵 스멜즈 굿]

/뭔가 좋은 냄새가 나.' 등과 같이 표현할 수 있겠습니다.

2)

'people [피플]'의 경우도, 그 자체(自體)가 복수(複數)의 의미를 가지므로,

'Many people agreed with him.

[매-니 피플 어그리드 위드 힘]'이라고 하면

'많은 사람들이 그에게 동의(同義)했다.'는 뜻이지만,

'Many different peoples live in harmony in America.

[매니 디퍼런트 피플즈 리 빈 하모니 인 어메리카]'라고 하면

'미국에는 많은 다른 민족(民族)들이 조화(調和)를 이루어 산다.'라

고 해석이 되어, 복수로 되면 '다른 인종(人種)의 사람들'이라는 의

미가 됩니다.

미국은 여러 나라에서 이민 온 다양(多樣)한 민족(民族)이 섞여 살아서,

일명 'Melting Pot [멜팅 팟/녹이는 냄비'라고 한다는 것도 알고 계시죠?

3)

요즘은 우리나라도 외국에서 많은 사람들이 와서 다문화가정(多文化家庭)이 늘고 있는데,

'다문화가정(多文化家庭)'을
'Multi-cultural Family
[멀티-컬춰럴 훼밀리]'라고 하고

'다기능기기(多技能器機)'를
'Multi-function Instrument
[멀티-펑션 인스트루먼트]'라고 하며,

휴대폰처럼 '그것은 다기능(多技能)이다.'라고 하려면,

'It is multi-functional.
[이 리즈 멀티-펑셔널]'이라고 하면 됩니다.

25. Eagles don't catch flies

[이글즈 도운트 캐치 훌라이즈]

/독수리는 파리를 잡지 않는다

새 중에도 독수리는 높이 날며 비행(飛行)하는 멋진 조류(鳥類)로 비유(比喩)하는데, 그런 의미에서 '높이 나는 새가 멀리 본다.'고, 날개를 활짝 펴고 고공(高空)에서 활강(滑降)하는 독수리가 파리 따위를 잡는다면 정말 안 어울리는 일이 되겠지요. 자고로 '군자대로행(君子大路行)'이라고, '고고한 뜻을 가진 이는 시시한 일에 끼어들지 않는다.'는 뜻으로 이해하면 되겠습니다.

1)

'catch'는 '잡는다'는 뜻인데, 특히 '따라잡다'고 할 때는 'catch up with'라는 표현을 써서,

'I am trying very hard to catch up with her.

[아이 앰 트라잉 베리 하드 투 캐첩 윗 허]

/난 그녀를 따라잡으려고 열심히 하고 있어.'

'You go on ahead, I will catch up with you.

[유 고우 온 어헤드, 아이 윌 캐 첩 윗 유]

/계속 가, 내가 따라갈게.'라고 합니다.

2)

'fly [플라이]'는 명사로는 날아다니는 '파리'가 되겠고, 날아다니는 종류로,

butterfly [버러플라이]/나비,

dragonfly [드래건플라이]/잠자리,

firefly [화이어플라이]/반딧불 등이 있고,

동사로는 '날다/자동사, ~를 날리다/타동사'라는 뜻이 되어서,

'Time certainly flies.

[타임 써튼리 플라이즈]

/시간이 참 빨리 간다. 세월이 유수(流水) 같다.'는 뜻이고,

'Can you fly a kite?

[캔 유 플라이 어 카이트]

/연을 날릴 줄 알아?'라는 말이 되겠습니다.

그런데 'fly'라는 동사는 시제 변화가 특이(特異)해서,

fly[플라이]-flew[플루]-flown[플로운]

으로 변하는 것도 알아 두셔야겠습니다.

난센스 퀴즈 둘

1. 개가 사람을 가르치면?

2. 검이 정색하면?

3. 차를 발로 차면?

답 : 1. 개인지도 2. 검정색 3. 카놀라유

26. To kill two birds with one stone

[투 킬 투 버즈 윗 완 스토운]

/돌 하나로 새 두 마리 죽이기

/일석이조(一石二鳥)

'kill [킬]'이라는 말은 알다시피 '죽이다'라는 뜻이므로,

'발이 아파 죽겠다'라고 하려면,

'My feet are killing me.

[마이 휘 타 킬링 미]

/내 발이 나를 죽인다.' 그리고

'The killer is still at large.

[더 킬러 이즈 스틸 앳 라-지]

/살인자(殺人者)는 아직 잡히지 않고 있다.

오리무중(五里霧中)이다.'라는 표현도 종종 시사(時事)적으로 쓰

입니다.

진통제(鎭痛劑) : painkiller [페인킬러]

소화제(消化劑) : digestive medicine

[다이제스티브 메디신]

해열제(解熱劑) : fever reducer [피버 리듀서],

fever remedy [피버 레머디]

방부제(防腐劑) : preservative [프리저버티브]

설사약(泄瀉藥) : diarrhea remedy [다이어리아 레머디],

purgative [퍼거티브]

변비약(便祕藥) : laxative [락사티브],

constipation medicine

[칸스티페이션 메디신]

수면제(睡眠劑) : sleeping pill [슬리핑 필]

* 또한 약 이야기가 나왔으니 병에 대한 공부도 조금 해 볼까 합니다.

차멀미 : carsick [카씩]

배멀미 : seasick [씨씩]

비행기멀미 : airsick [에어씩]

두통(頭痛) : headache [헤데익]

치통(齒痛) : toothache [투쓰에익]

복통(腹痛) : stomachache [스토먹에익]

요통(腰痛) : backache [백에익]

생리통(生理痛) : cramps [크램쓰],

period pain [피리어드 페인]

불면증(不眠症) : insomnia [인썸니아]

설사(泄瀉) : diarrhea [다이아리아]

변비(便祕) : constipation [칸스티페이션]

당뇨병(糖尿病) : diabetes [다이아비리즈]

비만(肥滿) : obesity [오베써디]

고지혈증 : hyperlipidemia [하이펄리피데미아]

고혈압(高血壓) : high blood pressure

[하이 블러드 프레쎠]

저혈압(低血壓) : low blood pressure

[로우 블러드 프레쎠]

심장병(心臟病) : heart disease [하-ㅌ 디지즈]

소화불량(消化不良) : indigestion [인다이제스쳔]

열(熱) : fever [휘버]

코막힘 : blocked-up nose [블록떱 노우즈]

저림 : numbness [넘니스]

마비(痲痹) : paralysis [패럴리시즈]

27. **What goes around comes around**

[왓 고우저 라운드 컴저 라운드]

/가는 것이 돌아온다

/남의 눈에 눈물 나게 하면 제 눈에 피눈물 난다

여기서도 'what'이 의문사가 아닌 관계대명사로서, 'what goes around' 가 주어가 되어, 즉, '돌아가는 그것'이 'comes around/돌아온다'라는 의미가 되는 것입니다.

'around [어라운드]/주변, 두루두루'라는 말을 보니 생각나는 표현이 있습니다.

1)

'Don't beat around the bush.

[도운트 비트 어라운 더 부쉬]

/덤불 주변을 두드리지 마라.'라고 하면,

'빙빙 말을 돌리지 말고 요점(要點)을 말하라.'는 의미가 됩니다.

옛날에 사냥을 할 때 사냥감의 주변(周邊)을 막대기로 두들겨서 한쪽으로 몰아 놓고 잡는데, 얼른 잡지 않고 계속 덤불 주변만 두들기는 상황을 상상해 보시면 될 것 같습니다.

이때 빙빙 돌리지 말고 '요점(要點)을 말하라.'는 말을
'Get to the point. [겟 투 더 포인트]' 또는
'What's your point?
[왓쯔 유어 포인트]
/요점이 뭐지?'라고 합니다.

2)

또한 'around'라고 하면 '약, 대략(大略), 대충'이라는
'about [어바웃]',
'approximately [어프록시미틀리]'와 같은 의미도 있어서,

'Around 7 millions of people live in this city.
[어라운드 쎄븐 밀리언즈 오브 피플 리 빈 디스 씨티]
/약 700만 명가량의 사람들이 이 도시(都市)에 삽니다.'와 같이 말
할 수 있으며,

3)

'around'는 '주변, 두루두루'의 의미가 있어서,

'Is he up and around?

[이즈 히 업 앤 어라운드]'라고 하면, 안부(安否)를 물을 때 '아프던 사람이 이제 기력(氣力)을 회복(回復)해 일어나서 돌아다니느냐?' 는 의미가 됩니다.

28. A false friend is worse than an open enemy

[어 휠스 후랜 디즈 워-스댄 언 오우쁜 에너미]
/거짓된 친구는 공개적(公開的)인 적(敵)보다 더 나쁘다

정말이지 우리 모두에게 귀감(龜鑑)이 되는 격언(格言)이지요. 자고로 '아는 놈이 도둑놈'이라는 말처럼, 차라리 모르는 사람은 몰라서 도둑질도 못 하겠지만, 내막(內幕)을 다 아는 그 가까운 사람이 맘을 잘못 먹게 되면 정말 큰 낭패(狼狽)를 당하게 될 테니까요.

이 격언처럼, 공개적(公開的)인 적은 당연히 적이므로, 알아보고 대비(對備)를 하고 대처(對處)를 하겠지만, 당연히 내 편으로 알고 모든 것을 공유(共有)하며 친구라고 여기던 자가, 맘을 나쁘게 먹고 덤비면, 정말 치부(恥部)를 다 드러내는 수모(受侮)를 겪을 수도 있는 일이니 정말 난감(難堪)한 일이 되겠지요.

1)

'false [휠스]'라는 말은

'wrong [륑]/그릇된, artificial [아티피셜]/인조(人造)의,
fake [훼이크]/가짜의, 위조(僞造)된'이라는 의미의 형용사입니다. 그래서,

　　false name [휠스 네임]/가명(假名),

　　false identity [휠스 아이덴터티]/가짜 신분(身分),

　　false teeth [휠스 티이쓰]/의치(義齒) 등으로 쓰입니다.

그리고 'artificial [아티피셜]/인조의'라는 것은
'natural [내추럴]/자연적'으로 생긴 것이 아니라
'man-made [맨-메이드]/사람이 만든'이라는 뜻으로,

(1)

요즈음 흔히 말하는 '인공지능(人工知能)'을 말할 때,

　　'Artificial [아티피셜]/인공의, 인조의'와

　　'Intelligence [인텔리젼스]/지능'의

　　'Initial [이니셜]/첫 글자'를 딴

　　'A.I.'라고도 합니다.

(2)

여기서 'man-made [맨-메이드]

/사람이 만든 것'이라는 뜻인가 하면,

'ready-made [레디-메이드]/만들어져 나온, 기성품(旣成品)의',

'order-made [오더-메이드]/주문제작(注文製作)한',

'tailer-made [테일러-메이드]/맞춤의',

'custom-made [커스텀-메이드]/주문제작한'

등과 같은 표현이 있습니다.

(3)

그래서 '진실 또는 거짓?'이라고 할 때

'True or False?

[트루 오아 훨쓰]'라고 하지요.

참고로

'별명(別名)'은 'Nickname [닉네임]'이라고 하고

'명함(名銜)'은 'Name Card [네임카드]',

'Business Card [비즈니스 카드]',

'신분증(身分證)'을 'ID Card [아이디 카드]',

'신용(信用)카드'를 'Credit Card [크레딧 카드]',

'현금(現金)카드' 내지는 '직불카드'를 'Debit Card [데빗 카드]',

'여권(旅券)'을 'Passport [패스포트]'라고 한다는 것도 기억해 둡시다.

2

잘 아시겠지만 복습(復習) 삼아서 worse는 bad의 비교급으로,

bad [뱃]/나쁜

worse [워스]/더 나쁜

worst [워스트]/최고 나쁜

으로 비교급 최상급이 변하고,

good [굿]/좋은

better [배러]/더 좋은

best [베스트]/최고 좋은

으로 변하며,

much [머취]/많은

more [모어]/더 많은

most [모스트]/가장 많은

little [리틀]/적은

less [레스]/더 적은

least [리스트]/가장 적은,

으로 변한다는 것도 기억을 되살려 주시고요.

3)

여기서 중요(重要)한 것은

'much [머취]/많은'의 최상급
'most [모스트]/가장 많은'과

'little [리틀]/조금'의 최상급
'least [리스트]/가장 적은'을 써서,

'at most [앳 모스트]'라고 하면,
'많아 봐야, 기껏해야'라는
'Maximum [맥시멈]'의 뜻이 있고,

'at least [앳 리스트]'라고 하면
'적어도, 최소한(最小限)'이라는 의미가 되어
'Minimum [미니멈]'이라는 의미가 됩니다.

여기서 '최대화(最大化)하다'라는 말을
'Maximize [맥시마이즈]'라고 하고,
'최소화(最小化)하다'는 말을
'Minimize [미니마이즈]'라고 해서

'We need to minimize expenses and maximize profits.

[위 니 투 미니마이즈 익스펜씨즈 앤 맥시마이즈 프로핏즈]

/우리는 비용(費用)을 최소화(最小化)하고 이익(利益)을 극대화

(極大化)할 필요가 있다.'고 말할 수 있습니다.

4)

또한 'open [오픈]'이라는 단어는 동사로는 '열다'라는 뜻이고, 형용사로

는 '공개(公開)된, 열려 있는'이라는 뜻이므로,

(1)

'open-minded

[오픈 마인디드]

/열린 마음의',

'narrow-minded

[내로우 마인디드]

/좁은 마음의'와 같은 형용사로 쓰여서

'그 사람은 마음이 열린 사람이다.'라고 하려면,

'He is very open-minded.

[히이즈 베리 오픈 마인디드]'라고 하고,

'open area

[오픈 에어리어]'라고 하면

'열린 공간, 앞이 확 트인 공간'을 의미하죠.

(2)

'open'을 동사로 써서,

'Open your eyes.

[오픈 유어 라이즈]/눈을 떠라.'

'Open your mouth.

[오픈 유어 마우쓰]/입을 벌려라.'라고

'close [클로우즈]/닫다'와 반대(反對)되는 의미로 쓰는데,

'입을 벌리라.'는 말을,

'Say ah! [쎄이 아]

/"아!'라고 말해.'라고도 합니다.

5)

이야기가 나온 김에 close의 발음에 대해 간단한 설명을 하고자 합니다. 'close'는 동사로는 '닫다'는 의미이지만, 형용사로는 '가깝다'는 뜻인데, 이 때 그 용도(用途)에 따라서 발음이 확연(確然)히 다르므로 주의(注意)를 요합니다.

'눈을 감아.

/Close your eyes.

[클로우즈 유어 라이즈]’,

‘문을 닫아.

/Close the door.

[클로우즈 더 도어]’라고 할 때는,

동사로서 ‘클로우즈’라고 ‘s’를 ‘즈’라고 발음해야 하지만,

‘친한 친구

/close friend

[클로스 프렌드]’라고 할 때와

‘위기일발(危機一髮)

/close call

[클로스 콜]’이라고 형용사로 쓰일 때는

‘클로스’라고 ‘스’ 발음(發音)을 해 주어야 합니다.

구분 없이 무조건 ‘즈’라고 발음하는 경우를 종종 보는데, 들을 때 의미
가 제대로 전달(傳達)되지 않으니 주의(注意)를 요(要)합니다.

참고로,

‘That was a close call.

[댓 워 저 클로스 콜]’이라고 하면

‘위기일발이었어, 큰일 날 뻔했어’라는 유용(有用)한 표현입니다.

실은 제가 학창 시절에 외국인을 만나 내 영어가 통하는지 확인(確認) 해 보고 싶어서 몇 마디를 말해 보았는데, 전혀 못 알아듣는 눈치로 나를 의아하게 쳐다보는 것을 보고는 '내가 이제껏 무슨 공부를 한 것인가?' 하고 심히 절망(絶望)했고, 그때부터 발음(發音)을 제대로 해 보려고 단어 (單語) 하나하나를 다시 공부했던 것 같아요. 기왕(旣往)에 공부하는 거 외국인이 알아들어서 통하는 영어를 해야겠지요?

29. High buildings have low foundations

[하이 빌딩즈 해블 로우 화운데이션즈]
/높은 건물은 낮은 기초(基礎)를 가진다

High mountains have deep valleys

[하이 마운튼즈 해브 딥 밸리즈]
/높은 산은 골(계곡)이 깊다

빌딩을 높이 올리기 위해서는 당연히 기초(基礎)를 튼튼히 깊이 파야겠지요. 그렇지 않으면 금방 무너질 것이기 때문에. 사람도 마찬가지로 높은 뜻을 품고 높은 자리에 오르려는 사람은, 마땅히 겸손(謙遜)한 마음으로, 늘 남을 높게 보고 자신(自身)을 낮추어서, 항상 자신의 부족(不足)함을 돌아보고, 스스로 많은 것을 경험(經驗)하고 부족함이 없도록 기초를 채우려고 노력(勞力)해야 할 것입니다.

1)

여기서 흔히 쓰는 기초적(基礎的)인 형용사 반대(反對)말 공부 좀 하고 갈까요?

high [하이]/높은 : low [로우]/낮은

big [비익]]/큰 : small [스몰]/작은

wide [와이드]/넓은 : narrow[내로우]/좁은

strong [스트롱]/강한 : weak [위크]/약한

thick [띡]/두꺼운 : thin [띤]/얇은

hard [하-드]/딱딱한 : soft [쏘프트]/부드러운

near [니어]/가까운 : far [화아]/먼

deep [딥]/깊은 : shallow [쉘로우]/얕은

long [롱]/긴 : short [쇼오트]/짧은

clean [클린]/깨끗한 : dirty [더어리]/더러운

bright [브라잇]/밝은 : dark [다아크]/어두운

light [라잇]/가벼운 : heavy [헤비]/무거운

slow [슬로우]/느린 : fast [패스트]/빠른

early [얼리]/이른 : late [래잇]/늦은

여기서 건물 등이 높다고 할 때는

'tall [톨]'이라는 말과

'high [하이]'라는 말을 쓰는데,

'가격(價格)이 비싸다'는 말도 'expensive [익스펜씨브]' 대신에

'high'를 써서,

'The price is too high.

[더 프라이스 이즈 투 하이]

/가격이 너무 비싸요.'와 같이 표현합니다.

2)

'foundation [화운데이션]'은 '기초(基礎)'라는 뜻인데, 이는 'found [화운드]/기초를 세우다'라는 동사의 명사형인데, 많은 이들이 종종 헷갈리는 단어가 'found'입니다. 'found [화운드]'는 '기초를 세우다'라는 동사임과 동시에 'find [화인드]/찾다, 발견(發見)하다'라는 동사의 과거 형태도 되기 때문입니다.

(1)

그러니까 'I found a complete answer.

[아이 화운 더 컴플릿 앤써]

/내가 완벽(完璧)한 답(答)을 찾았다.'라고 할 때는

'find [화인드]/찾다'의 과거인 'found [화운드]/찾았다.'

로 쓰인 것이고,

(2)

'They have founded an organization.

[데이 해브 화운디드 언 올-가니제이션]

/그들은 한 기관(機關)의 기초(基礎)를 세웠다,

한 기관을 설립(設立)했다.'라고 할 때는

'found'의 과거분사로 'founded'를 쓴 형태가 되는 것입니다.

30. Where there is a will, there is a way

1)

여기서 'where [웨어]'는 '어디'라는 뜻의 의문사가 아닌 관계부사로 '~한 그곳'이라는 의미로 해석이 되어서, 'will [윌]/뜻'이 있는 그곳에'라고 해석해야 하고, 그래서 '뜻이 있는 그곳에 길이 있다'가 되는 것입니다.

2)

'will [윌]'이라는 단어는 미래(未來)를 나타내는 조동사로서 '~할 것이다'라는 의지(意志)를 나타낸다고 알고 있는데, 명사로는 사람이 죽기 전에 하는 '유언(遺言)'을 'will'이라고 합니다. 죽기 전에 자신이 원하는 가장 간절(懇切)한 의지(意志)가 결국 유언이 아닐까요.

그런데 'You shall die.

144

[유 쉘 다이]

/당신은 죽게 될 거야.'라고 해서

'will [윌]'이라는 미래를 나타내는 조동사 대신 'shall [쉘]'이라는 조동사
를 쓰면 '당신은 죽게 될 것이다.'라는 말로, 주어'you'의 의지에 의해서가
아니라, 신 혹은 다른 이의 의지로 그렇게 할 것이므로, '당신은 죽게 돼 있
다.'는 의미가 됩니다.

3)

미국 흑인 해방(解放)운동(運動)을 한 'Martin Ruther King [마-틴 루터
킹] 목사(牧師)'가

'I have a dream.

[아이 해브 어 드림]

/나는 꿈이 있어요.'라는 연설(演說)을 하던 연설장에서,

'Joan Baez [존 바에즈]'가 부른 노래,

'We shall overcome.

[위 쉘 오버컴]

/우리는 극복(克復)할 것입니다.'라는 노래도,

우리의 의지(意志)로 역경(逆境)을 극복(克復)할 것이라기보다는
'신(神)의 도움으로 우리는 극복하게 될 것'이라는 의미가 담겨 있

어서 결국 '신의 도움으로 우리는 극복할 것이다.'라는 뜻이라고
하겠습니다.

4)

여기서 'way [웨이]'라는 말은 '길'이라는 뜻도 있지만 '방법(方法)'이라는
뜻으로 많이 쓰여요. 그래서,

'이런 식으로 해 보자.'라고 하고 싶으면,

'Let's try it this way.

[렛쯔 츄라 잇 디스 웨이]'라고 하고,

'Go this way. [고우 디스 웨이]'라고 하면,

/'이쪽으로 가세요.'

'Let's put it this way. [렛쯔 푸 릿 디스 웨이]

/이런 식으로 생각해 보죠.'라고 할 수 있겠습니다.

이번에는 'will/유언'이라는 말이 나왔으니, 유언(遺言)에 관한 콩트를
하나 소개(紹介)해 보고자 하니 한번 감상해 보시지요.

●

콩트 셋

- I changed my will 3 times

/내가 유언을 세 번이나 바꿨다오

An elderly man had a serious hearing problem for many years.

한 노인이 수년 동안 심각한 청각 장애를 겪어 왔습니다.

He went to the doctor and was fitted with a new high-tech hearing aid.

결국 그는 병원에 가서 최첨단 보청장치를 착용하게 되었고,

He could hear once again 100% back.

그래서 아주 완벽하게 잘 들을 수 있게 되었죠.

A month later, he went for a checkup.

한 달 후에, 그는 점검을 받으러 병원에 갔는데,

The doctor said 'Wow your hearing is perfect.

의사가 말하기를, '와! 청력이 정말 완벽하시네요!

Your family must be so excited that you can hear again.'

당신이 잘 듣게 되어서 가족들이 정말 좋아하시겠네요.'라고 하자

He said 'No, I haven't told my family yet.

그가 말하기를, '아니요. 난 아직 가족에게 말하지 않았습니다.

I just sit around and listen to the different conversations.

저는 그저 주변에 앉아서 가족이 하는 이야기를 들어 봤지요.

And I've changed my will three times.

그래서 결국 내 유언을 세 번이나 바꿨답니다.'

* 콩트의 내용 중에,

'high-tech [하이텍]

/첨단(尖端) 과학기술(科學技術)'이라는 말이 나오는데,

여기서 'tech [텍]'이라는 말은

'Technology [테크놀로지]'의 준말로서

'과학기술'이라는 말입니다.

그러니까 그냥 '기술'이라고 하면

'Skill [스킬]'이라는 말이 있는데,

이는 달인(達人)들과 같이 여러 번 'practice [프랙티스]/반복적(反復的)인 훈련(訓練)'을 통해서 얻어지는 기술(技術)을 'Skill'이라고 하고, 지식적(知識的)인 연구(研究)를 통해서 얻은 '과학적인 기술'을 'Technology'라고 하겠습니다.

노래 셋

- Easy come easy go/쉽게 오면 쉽게 가는 법

Oh my goodness!/맙소사!

오우 마이 구드니스!

What have I done?/내가 무슨 짓을 한 거야?

왓 해브 아이 단?

Have lost all the money I had!/가진 돈을 다 잃다니!

해브 로스트 올 더 마니 아이 해드

How foolish was I?/이런 멍청이!

하우 훌리쉬 워즈 아이?

Was I blind?/내가 눈이 멀었나?

워즈 아이 블라인드?

Maybe I hurried badly/내가 너무 서두른 거야

메이비 아이 허리드 배들리

I was too greedy, perhaps/아마, 너무 욕심을 낸 거지

아이 워즈 투 그리디, 퍼햅스

I didn't get nobody's advice/아무 충고도 듣지 않고

아이 디든 겟 노바디즈 어드바이스

I wanted more and more after/자꾸 더 많은 걸 원했어

아이 워닛 모어 앤 모어 애프터

the fortune I got by chance/우연히 큰돈을 만진 후로는.

더 포춘 아이 갓 바이 챈스

I was so overwhelmed/너무 압도당해서

아이 워즈 쏘우 오버웰름드

that I lost my mind/정신이 없었지

댓 아이 로스트 마이 마인드

I didn't listen to anybody/누구의 말도 듣지 않고

아 디든 릿슨 투 애니바디

I wanted more and more/자꾸 더 많은 걸 원했어

아이 워니드 모어 앤 모어

No satisfaction, there was/만족할 줄을 몰랐지

노우 쌔티스휄션 데어 워즈

They were right/그들이 옳았어

데이 워 롸잇

Easy come easy go, they said/쉽게 오면 쉽게 간다고

이지 컴 이지 고우, 데이 쎄드

Now I know the wisdom of life/이제야 삶의 지혜를 알았네

나우 아이 노우 더 위즈덤 오브 라이프

Easy come easy go/쉽게 오면 쉽게 간다

이지 컴 이지 고우

Easy come easy go, they said/쉽게 오면 쉽게 간다고 했지

이지 컴 이지 고우, 데이 쌔드

They were right/그들이 옳았어

데이 워 롸잇

Easy come easy go, they said/쉽게 오면 쉽게 간다고

이지 컴 이지 고우, 데이 쎄드

Now I know the wisdom of life/이제야 삶의 지혜를 알았네

나우 아이 노우 더 위즈덤 오브 라이프

Easy come easy go/쉽게 오면 쉽게 간다

이지 컴 이지 고우

Easy come easy go, they said/쉽게 오면 쉽게 간다고 했지

이지 컴 이지 고우, 데이 쌔드

I wanted more and more/자꾸 더 많은 걸 원했어

아이 워니드 모어 앤 모어

No satisfaction, there was/만족할 줄을 몰랐지

노우 쌔티스훽션 데어 워즈

They were right/그들이 옳았어

데이 워 롸잇

Easy come easy go, they said/쉽게 오면 쉽게 간다고

이지 컴 이지 고우, 데이 쎄드

Now I know the wisdom of life/이제야 삶의 지혜를 알았네

나우 아이 노우 더 위즈덤 오브 라이프

Easy come easy go/쉽게 오면 쉽게 간다

이지 컴 이지 고우

Easy come easy go, they said/쉽게 오면 쉽게 간다고 했지

이지 컴 이지 고우, 데이 쎄드

Oh my goodness!/맙소사!

What have I done?/내가 무슨 짓을 한 거야?

Have lost all the money I had!/가진 돈을 다 잃다니!

How foolish was I?/이런 멍청이!

Was I blind?/내가 눈이 멀었었나?

Maybe I hurried badly/내가 너무 서두른 거야

I was too greedy, perhaps/아마, 너무 욕심을 낸 거지

I didn't get nobody's advice/아무 충고도 듣지 않고

I wanted more and more after/자꾸 더 많은 걸 원했어

the fortune I got by chance/우연히 큰돈을 만진 후로는

I was so overwhelmed/너무 압도당해서

that I lost my mind/정신이 없었지

I didn't listen to anybody/누구의 말도 듣지 않고

I wanted more and more/자꾸 더 많은 걸 원했어

No satisfaction, there was/만족할 줄을 몰랐지

They were right/그들이 옳았어

Easy come easy go, they said/쉽게 오면 쉽게 간다고

Now I know the wisdom of life/이제야 삶의 지혜를 알았네

Easy come easy go./쉽게 오면 쉽게 간다

Easy come easy go, they said/쉽게 오면 쉽게 간다고 했지

They were right/그들이 옳았어

Easy come easy go, they said/쉽게 오면 쉽게 간다고

Now I know the wisdom of life/이제야 삶의 지혜를 알았네

Easy come easy go/쉽게 오면 쉽게 간다

Easy come easy go, they said/쉽게 오면 쉽게 간다고 했지

I wanted more and more/자꾸 더 많은 걸 원했어

No satisfaction, there was/만족할 줄을 몰랐지

They were right/그들이 옳았어

Easy come easy go, they said/쉽게 오면 쉽게 간다고

Now I know the wisdom of life/이제야 삶의 지혜를 알았네

Easy come easy go/쉽게 오면 쉽게 간다

Easy come easy go, they said/쉽게 오면 쉽게 간다고 했지

●

독백(인생)

수억 년의 세월 중에, 단 몇십 년

잠시 살다 갈, 하루살이 같은 인생

영원히 살 것처럼, 안간힘에 안달복달

수십억의 인간 중에, 묻어가듯 사는 인생

나 하나 없다 해서, 개의할 이 몇이 되나?

나 하나 있건 없건, 세상은 희희낙락

제대로 잘 돌아가리라마는

내 한목숨 없다 치면,

해와 달과 온갖 보배,

내게 무슨 소용이며

내게 무슨 의미인가?

나 하나 있으므로

세상이 있고 우주가 있고,

나 하나 눈 감으면

세상은 내게 없다.

그리하여 내가 우주에 존재하듯

우주는 내 안에 존재한다.

이렇듯 중대한 소우주의 시작과 끝,

우리는 왜 그 신비를 간과하려 하는 걸까?

알 수 없는 문제라서 접어 둔 것일까?

알기가 두려워서 덮어 둔 것일까?

근본은 간데없고, 겉치레에 날이 샌다.

1994년에 Grace 박현숙 씀

31. No rose without a thorn

[노우 로-즈 위다웃 어 또-온]

/가시 없는 장미는 없다

아름다운 꽃의 여왕(女王)인 장미도, 예쁘기만 한 게 아니라 찌르는 가시도 있는 법이니, 세상에 좋기만 한 것은 없는 것 같아요. 빛이 강하면 어두운 그림자가 또렷하듯이 항상 양면(兩面)이 존재(存在)하고, 건강(健康)할 때는 건강의 귀중(貴重)함을 모르고, 젊을 때는 젊음의 소중함을 모르고, 없어 봐야만 그것의 소중함을 뒤늦게 깨닫는 것이 하루살이 같은 인생(人生)들의 한계(限界)가 아닌가 싶네요.

1)

이 문구가 완전(完全)한 문장(文章)이 되려면,

'There is no rose without a thorn.

[데어 리즈 노우 로-즈 위다우 러 또-온]'이라고 해야 하는데,

(1)

다른 표현(表現)으로는 'Every rose has its thorn.

[에브리 로-즈 해즈 잇쯔 또-온]

/모든 장미는 가시가 있다.'고도 합니다.

(2)

똑같은 문형(文型)으로는

'No smoke without fire.

[노우 스모크 위다웃 화이어]

/불이 없이는 연기(煙氣)가 없다,

아니 땐 굴뚝에 연기 나랴.'라는 격언이 있습니다.

2)

'rose'는 명사로는 '장미'이지만 형용사로는 '장밋빛의'라는 의미라서, 'Rose Period [로즈 피리어드]'라고 하면 '장밋빛 시절'이 되겠는데, 여기서 'Period'라는 말은 '기간(期間)'이라는 뜻도 있지만 '마침표'라는 뜻도 있어서 하나의 문장이 마침표나 느낌표, 물음표로 끝나듯이, 하나의 문장을 종결(終決)짓는 부호(符號)이므로, 대화 중에 이야기를 하고 나서 'Period [피리어드]!'라고 하면 '얘기는 이걸로 끝이니 더 이상 왈가왈부 토 달지 말라.'라는 의미입니다.

3)

또한 멋진 표현으로,

'Beauty without virtue is a rose without scent.

[비유리 위라웃 버츄 이 저 로-즈 위라웃 쎈트]

/덕(德)이 없는 아름다움이란 향기(香氣) 없는 장미와 같다.'

라는 격언은, 살벌(殺伐)한 오늘날에 많은 것을 시사(時事)해 준다고 하

겠습니다.

(1)

여기서 'Beauty [비유티]/아름다움'은 'beautiful [비유티풀]/아름다

운'의 명사형으로 '美(미, 아름다움)'이라는 명사 이외에도 '美人(미

인)'이라는 뜻도 있어서

'Beauty and the Beast

[비유리 앤 더 비스트]

/미녀(美女)와 야수(野獸)'라는 디즈니 영화(映畫)의 제목도 있었

지요.

(2)

여기서 'virtue [버츄]'라는 말은

'선, 미덕(美德), 장점(長點)'이라는 뜻이고,

'scent [쎈트]'는

'무슨 기미, 낌새, 냄새'라는 뜻으로,

개가 냄새를 맡고 따라가는 냄새가 바로 'scent'이고,

꽃 등의 '좋은 향기'를

'fragrance [후래그런스]'라고 하고,

'향수(香水)'를 'perfume [퍼휴움]'이라고 하며,

음식 등의 '풍미(風味)'를 'flavor [훌래이버]'라고 합니다.

4)

'thorn'은 장미와 같은

'식물의 가시'라는 뜻이고,

'동식물 표면의 가시'는

'prickle [프리클]'이라고 하고,

먹는 음식 '생선의 가시'는

'fish bone [피시 보운]'이라고 합니다.

장미 이야기가 나온 김에 사랑을 정의(定義)한, 그 유명한 'Rose'라는 노래의 가사(歌詞)를 음미(吟味)해 보는 것도 의미가 있지 않을까 싶네요.

32. Practice makes perfect

[프랙티스 메익스 퍼팩트]

/연습(演習)은 완벽함을 만든다

/연습을 하면 완벽(完璧)해진다

'practice [프랙티스]'라는 말은

'연습(練習)하다, 실습(實習)하다, 훈련(訓練)하다'라는 뜻의 동사도 되고 '연습, 실습'이라는 명사도 되는데,

이를테면, 뭔가를 완벽(完璧)하게 하기 위해

'계속(繼續)해서 훈련'을 하는 것도

'practice'이지만,

'배운 것을 한 번 실행(實行)에 옮겨서 실습(實習)하는 것'도

'practice'라고 해서

'My soliciter is no longer in practice.

[마이 쏠리씨터 이즈 노우 롱거 인 프랙티스]

/나의 사무 변호사(辯護士)는 더 이상 변호사로서 일을 하지 않는

다.'라고 합니다.

또한 '연습하다'라는 의미로,

'Skill comes with practice.

[스킬 컴즈 윗 프랙티스]

/기술(技術)은 연습(練習)과 함께 온다,

기술은 연습을 해야 길러진다.'

'It takes a lot of practice to play the violin well.

[잇 테익스 얼 라 롭 프랙티스 투 플레이 더 바이올린]

/바이올린을 잘 켜는 것은 많은 연습(演習)이 필요하다,

바이올린을 잘 켜려면 많은 연습을 해야 한다.'라고 표현합니다.

33. A friend in need is a friend indeed

[어 프렌드 인 니드 이저 프렌드 인디드]

/어려울 때 친구가 진짜 친구다

참 운율(韻律)이 돋보이는 격언인데, 여기서 'in need'라 함은 '필요한 상태, 즉 곤궁(困窮)한 상태에 있는'을 의미하고요, 'indeed [인디드]'는 'truly/정말로, 진짜로'라는 부사입니다.

1)

그래서 'He is in need of someone.

[히 이즈 인 니드 오브 썸원]'이라고 하면

'그는 누군가를 필요(必要)로 하는 상태(狀態)이다.'라는 뜻이고

'Needy People [니디 피플]'이라고 하면,

'빈곤(貧困)한 사람들'이라는 뜻이 되며,

'Needy Circumstances

[니디 써컴스탠씨즈]'라고 하면

'곤란(困難)한 처지'라는 뜻이 됩니다.

2)

이와 유사한 표현으로,

'Misfortune shows those who are not really friends.

[미쓰포춘 쇼우즈 도우즈 후 아 낫 리얼리 프렌즈]

/불행(不幸)은 누가 진정(眞情)으로 친구가 아닌지를 보여 준다,

불행이 올 때 진정한 친구를 알게 된다.'는 의미가 되겠습니다.

(1)

'fortune [포춘]'은

'행운(幸運)'이라는 명사이고

'fortunate [포츄닛]'는

'운이 좋은'이라는 뜻의 형용사이며,

'Fortunately [포츄니틀리]'라고 하면

'다행(多幸)히도'라는 부사이고,

(2)

앞에 'un'을 붙이면 반대말이 돼서,

'Unfortunately [언포츄니틀리]'라고 하면

‘불행(不幸)히도, 안타깝게도’라는 반대 뜻의 부사가 됩니다.

34. A bad workman blames his tools

[어 배드 워크맨 블레임즈 히즈 툴즈]

/서툰 일꾼이 연장(鍊匠) 나무란다

직역을 하면 '나쁜 일꾼이 자기 연장을 나무란다.'는 뜻인데, 여기서 'blame [블레임]'이라는 말은 '탓을 한다, 잘못했다고 나무라다'라는 뜻입니다.

그 예로는,

'You are to blame for that.

[유 아 투 블레임 훠 댓]'이라고 하면

'그 일은 당신 탓이다.'라는 뜻이 되고,

'Don't blame me.

[도운트 블레임 미]

/날 탓하지 마.'라는 뜻이 되고

'내가 잘못했다'고 할 때는

'That's my fault. [댓쯔 마이 휠트]'라고 하거나, 간단히

'My bad. [마이 뱃]'라고도 합니다.

1)

참고로 여기서

'당신이 틀렸다.'라고 하려면 'You are wrong [유아 룅].'

'내가 맞나요?'라고 하려면 'Am I right? [앰 아이 롸잇]',

'내가 틀렸나요?'라고 하려면 'Am I wrong? [애 마이 룅]'이라고 하

면 되겠습니다. 유사(類似)하게

'내가 틀렸을 수도 있고, 당신이 맞을 수도 있다.'라고 하려면

'I may be wrong

[아이 메이 비 룅]',

'You may be right.

[유 메이 비 롸잇]'라고 하면 됩니다.

2)

'bad [배드]/나쁘다'의 비교급과 최상급은 'worse [워쓰]/더 나쁜', 'worst

[워스트]/최악의'라는 뜻이라서,

'Things are getting worse day by day.

[띵즈 아 게링 워스 데이 바이 데이]

/일이 날로 악화(惡化)되고 있다.'는 뜻이고,

'Things have gone from bad to worse.

[띵즈 해브 건 프롬 뱃 투 워스]

/사정(事情)이 더욱더 악화되었다.'는 의미가 되지요.

'It's the worst.

[이쯔 더 워스트]

/최악(最惡)이다.'

'It was the worst flood since record began.

[잇 워즈 더 워스트 훌로드 씬스 레코드 비갠]

/그것은 기록(記錄)이 시작된 이후로 최악의 홍수(洪水)였다.'

3)

'bad'의 반대말인, 'good [그웃]/좋다'의 비교급과 최상급은 'better [배러]/더 좋은', 'best [베스트]/최상의'라는 뜻이라서,

(1)

'Couldn't be better.

[쿠든 비 베러]'라고 하면,

'더 좋을 수 없다'는 뜻이 되어,

'최고다, 더할 나위 없이 좋다.'는 말이 됩니다.

(2)

또한

'The more, the better.

[더 모어, 더 베러]/많을수록 더 좋다',

'The sooner, the better.

[더 쑤너, 더 베러]/더 이를수록 좋다',

'The faster, the better.

[더 훼스터, 더 베러]/빠를수록(속도) 더 좋다.'라는 표현도 짧고 유

용하게 활용할 수 있는 표현들입니다.

(3)

우리 노래 중에

'Nothing's better than you.

[나띵스 베러 댄 유]'라고 하는 노래가 있던데, 이는

'아무것도 당신보다 더 좋은 것은 없다.'는 뜻이 돼서 역시

'You are the best. [유 아 더 베스트]

/당신이 최고'라는 의미가 됩니다.

다른 예로 'Nothing is better than singing for me.

[나띵 이즈 베러 댄 씽잉 훠 미]

/나로서는 노래를 부르는 것보다 더 좋은 것은 없다.'

4)

'tool [투-울]'이라고 하면 '연장, 도구(道具)'라는 의미인데, 비슷한 용어로 'gear [기어]/기어, equipment [이큅먼트]/장비(裝備), device [디바이스]/고안장치(考案裝置), 기구(器具)' 등이 각각 조금씩 다른 의미로 쓰입니다.

35. Talent above talent

[탤런트 어버브 탤런트]

/재주 위에 재주

/뛰는 놈 위에 나는 놈 있다

'재능(才能) 위에 재능'이라는 의미니까 '잘한다고 까불어도 그 위에 또 다른 재능 있는 자가 있다.'고 생각하면 되겠습니다.

1)

재능이 있다는 의미로,

'She is very talented.

[쉬 이즈 베리 탤런티드]

/그녀는 매우 재능이 있다.' 또는

'She is very much gifted.

[쉬 이즈 베리 머취 기프티드]'라고도 할 수 있는데,

(1)

'gift [기프트]'라고 하면 명사로는 '선물(膳物)'이라는 뜻이지만 동사로는 '공짜로, 선물로 주다.'라는 의미가 있어서 'is gifted'라고 하면 수동태가 돼서, '하늘에서 재능(才能)을 선물로 받았다'는 의미가 되지요.

(2)

따라서 '그는 타고난 가수(歌手)다.'라고 하고 싶으면

'He is a born singer

[히 이 저 보운 씽어].'

'He is a gifted dancer.

[히 이 저 기프티드 댄서]

/그는 타고난 춤꾼이다.'라고 비슷하게 쓰인다고 이해(理解)를 하면 되겠고요,

2)

'above [어버브]'는 '~위의'라는 뜻이 되어서,

'The same as above

[더 쎄임 애즈 어버브]'라고 하면

'이하동문(以下同文)' 즉, 나머지는 '위와 같다'는 뜻이 됩니다.

●

난센스 퀴즈 셋

1. 왕이 넘어지면?

2. 엄마가 아이랑 가다 넘어지면?

3. 자가용의 반대말은?

답 : 1. 킹콩 2. 모자이크 3. 커용

36. Still waters run deep

[스틸 워러즈 런 디잎]

/잔잔한 물은 깊게 흐른다

/빈 수레가 요란(搖亂)하다

이는 'Empty Vessels make the most sound

[엠프티 베쓸즈 메이크 더 모스트 싸운드]

/빈 수레가 요란하다.'와 비슷한 의미의 격언(格言)이 되겠지요.

1)

여기서 'still'은 '잠잠하고 고요하다'는 의미의 형용사로서,

'Stay still.

[스테이 스틸]'이라고 하면

'움직이지 말고 가만히 있어'라는

'Don't move!

[도운트 무-브]'와 같은 뜻이 되고,

경찰(警察)이 강도(強盜) 등에게 '꼼짝 마!'라고 말할 때

'Freeze [후리이즈]!'라고 합니다.

(1)

여기서, 'freeze [후리이즈]'는

'얼다, 얼리다'라는 동사로, 얼어붙듯이

'가만히 있으라.'는 뜻이 되고

'freezer [후리이저]'라고 하면 '냉동기(冷凍機)'가 되겠습니다.

"이 시각 현재 세계적으로 선풍(旋風)을 일으킨 '오징어 게임'에 나

오는 '무궁화 꽃이 피었습니다'라는 게임에서, 움직이지 말고 서

는 것이 바로 'Freeze [후리-즈]'에 해당(該當)합니다."

(2)

'still'은 또한 부사로는 '아직도, 여전히'라는 의미가 되어,

'She still lives there.

[쉬 스틸 리브즈 데어]

/그녀는 아직도 그곳에 산다.'

'Are you still there?

[아유 스틸 데어]

/아직도 거기 있나요?'

'They are still alive.

[데이 아 스틸 얼라이브]

/그들은 아직 살아 있다.'라는 뜻이 됩니다.

(3)

still [스틸]을 길게 발음하는 단어에,

'steal [스티일]/훔치다',

'steel [스티일]/강철(鋼鐵)' 등이 있는데,

'steal'은 '훔치다, 도둑질하다'라는 동사로

현재 : steal [스틸]

과거 : stole [스톨]

과거분사 : stolen [스톨른]으로 시제가 변화하니까,

'Someone stole my bag.

[썸원 스톨 마이 백]

/누군가가 내 가방을 훔쳐 갔다.'라고 할 수 있고,

수동태로 과거분사를 사용하면,

'My bag is stolen.

[마이 백 이즈 스톨른]

/내 가방이 도둑맞았다.'라고 표현할 수 있습니다.

(4)

'steel'이라고 하면, 예전의 녹이 스는 'iron [아이언]/무쇠'와는 달리, '강철'이라는 의미로서, 'stainless steel [스테인리스 스틸]'이라고 하면, '녹슬지 않는 강철(鋼鐵)'이라는 의미입니다. 여기서 'stain'이라고 하면 '얼룩'이라는 뜻이니까, '얼룩이 없는 철'이 되는데, 다시 말하면 '녹이 슬지 않는 철', 우리가 흔히 말하는 '스뎅'이라는 것이 되고, 'Stained glass [스테인드 글라스]'라고 하면 '유리창에 그림(즉, 얼룩)을 그려서 장식(裝飾)을 한 것'이 됩니다.

2)

여기서 얼룩에 대한 표현을 공부하자면,

Your shirt got stained.

[유어 셔츠 갓 스테인드]

/당신 셔츠가 얼룩이 졌어요.

There is a stain on the carpet.

[데어 리 저 스테인 온 더 카펫]

/카펫이 얼룩이 졌다.

The cloth was treated stain-resistant.

[더 클롯 워즈 트리티드 스테인 레지스턴트]

/그 천은 얼룩방지 처리(處理)가 되었다.

How can I get this stain out?

[하우 캔 나이 겟 디스 스테인 아웃]

/이 얼룩을 어떻게 빼지?

He had a lipstick stain(mark) on his shirt.

[히 해 더 립스틱 스테인(마크) 온 히즈 셔츠]

/그는 셔츠에 립스틱 자국이 생겼다.

Can you remove the stain on the shirt?

[캔 뉴 리무브 더 스테인 온 더 셔츠]

/셔츠의 얼룩을 지워주실 수 있나요?

라는 표현이 있습니다.

3)

그리고 '땀에 젖은 얼룩'은 'Sweat Stain [스웻 스테인]'이라고 하는데, 영국 Wimbledon [윔블던] Tennis [테니스]복이 흰색으로 된 것은, 운동으로 옷이 땀에 젖으면 옷 색깔이 얼룩져 보이므로 그것을 방지(防止)하기 위해서, 젖었을 때 얼룩이 눈에 가장 덜 뜨이는 흰색으로 했다고 합니다.

여기서 '땀'을 'sweat [스웻]'라고 하는데, 이는 명사도 되고 동사도

되므로,

‘그는 땀을 흘린다.’고 하려면

‘He is sweating.

[히 이즈 스웨링]’이라고 하는데,

땀이 나게 하는 옷

‘Sweater [스웨터]’를 기억(記憶)하시면 이해가 쉽겠지요?

4)

그리고 영어에서 ‘run [런]’이라고 하면 ‘달리다’는 정도(程度)로만 생각하는데, 가게 등을 ‘운영(運營)하다’고 할 때도

‘She runs a Chinese restaurant.

[쉬 런즈 어 차이니스 레스토랑]

/그녀는 중식당(中食堂)을 운영한다.’라고 하고,

‘Your stocking is running.

[유어 스타킹 이즈 뤄닝]

/당신 스타킹이 줄이 나갔다.’

‘I have a runny nose.

[아이 해브 어 러니 노우즈]

/제 콧물이 줄줄 흘러요.’처럼 쓸 수 있습니다.

37. Walls have ears

[월즈 해브 이얼-즈]

/벽에도 귀가 있다

/낮말은 새가 듣고 밤말은 쥐가 듣는다

1)

귀에 관하여,

(1)

‘고막(鼓膜)’을 ‘eardrum [이어드럼]’이라고 하고

‘귀걸이’를 ‘ear ring [이어링]’이라고 하는데,

‘drumstick [드럼 스틱]’이라고 하면,

드럼을 칠 때 두드리는 ‘북채’를 말하는데,

(2)

치킨을 말할 때는 ‘닭다리’를

‘Drumstick [드럼스틱]’이라고 합니다.

닭다리를 잘 보면 마치 드럼의 북채처럼 생기지 않았나요?

(3)

또한 'ring [링]'이라는 말은 '고리'라는 뜻도 있어서

'Finger-ring [핑거링]/반지',

'Ear-ring [이어링]/귀걸이'처럼 쓰이지만,

동사로는 벨 등을 '울리다'라는 뜻이 돼서

'Ring the bell [링 더 벨]'이라고 하면

'벨을 울리다'라는 뜻이며,

'벨을 울리려면 버튼을 누르라.'고 하려면,

'Press the button to ring the bell.

[프레쓰 더 버튼 투 링 더 벨]'이라고 하면 됩니다.

2)

'bell [벨]' 이야기가 나온 김에,

'그 위험(危險)한 일을 누가 하겠느냐?'는 말을

'Who can bell the cat?'

[후 캔 벨 더 캣]

/'누가 고양이에게 방울을 달 수 있겠느냐?' 혹은

'Who will bell the cat?

[후 윌 벨 더 캣]

/누가 고양이에게 방울을 달 것인가?'라고 하는데,

(1)

이는 쥐들이 늘 고양이에게 쫓기는 신세(身世)가 되다 보니, 고양
이의 접근(接近)을 알아차리는 좋은 방법(方法)을 논의(論議)했더
랍니다.

상의(相議)를 하던 중에, '그럼 우리가 고양이가 가까이 접근(接
近)하는 것을 알아채기 위해서는 고양이 목에다 방울을 달아서
그 딸랑거리는 소리를 듣고 도망(逃亡)을 가면 되지 않겠느냐'는
결론(結論)에 도달(到達)했던 것이에요. 그래서 결국 고양이 목에
방울을 달기로 하기는 했지만, 그런 위험(危險)한 일에

(2)

'총대를 누가 메겠느냐?'는 말이 결국
'Who will bell the cat?
[후 윌 벨 더 캣]'이 된 것인데,
여기서 'bell [벨]'이라는 말이 '방울'이라는 명사로 쓰인 것이 아니
라 '방울을 달다'라는 동사로 쓰인 거죠.

3)

그런가 하면

'His eardrum membrane was damaged by loud noise.

[히즈 이어드럼 멤브레인 워즈 대미지드 바이 라우드 노이즈]

/그의 고막(鼓膜)은 큰 소음(騷音)으로 인해 손상(損傷)되었다.'

'The explosion perforated his eardrum.

[디 익스플로젼 페포레이티드 히즈 이어드럼]'이라고 하면

'폭발사고(爆發事故)로 그의 고막이 터졌다.'라고 할 수 있습니다.

4)

여기서 참고로 5가지 감각(感覺), 즉, 'Five senses/오감(五感)'에 대해 잠시 공부를 하자면,

'Seeing [씨잉]/시각(視覺)',

'Hearing [히어링]/청각(聽覺)',

'Smell [스멜]/후각(嗅覺)',

'Taste [테이스트]/미각(味覺)',

'Touch [터치]/촉각(觸覺)' 등이 있는데,

(1)

이에 대한 표현(表現)으로는,

'You can see with your eyes.

[유 캔 씨 위 듀어 라이즈]

/당신은 눈으로 볼 수 있고',

(2)

'You can hear with your ears.

[유 캔 히어 위 듀어 이어즈].

/당신은 귀로 들을 수 있고',

(3)

'You can smell with your nose.

[유 캔 스멜 위 듀어 노우즈].

/당신은 코로 냄새 맡을 수 있고',

(4)

'You can taste with your tongue.

[유 캔 테이스트 위 듀어 터엉]

/당신은 혀로 맛을 볼 수 있고',

(5)

'You can touch with your fingers and skin.

[유 캔 터치 위 듀어 핑거 잰 스킨].

/당신은 손가락과 피부(皮膚)로 만질 수 있다.'

5)

참고(參考)로 감각의 장애(障礙)를 가진 경우에 대한 표현을 알아보는
데, 과거(過去)에는 단순히 '맹인, 장님, 귀머거리' 등의 표현을 썼지만, 요
즈음은 장애(障礙)가 있는 분들의 인격(人格)을 존중(尊重)해서 그런 표
현을 쓰지 않고 '~에 장애가 있는/impaired [임페어드]'라는 정도의 표현을
쓰도록 유의해야겠습니다.

(1)

the blind [더 블라인드]/맹인(盲人)

: visually impaired

[비쥬얼리 임페어드]

/시각에 장애가 있는

(2)

the mute, dumb [더 뮤트, 덤]/벙어리

: speech-impaired

[스피치-임페어드]

/언어장애(言語障礙)가 있는

(3)

the deaf [더 데프]/귀머거리

: hearing-impaired

[히어링-임페어드]

/청각(聽覺)장애가 있는

(4)

음치(音癡) : tone-deaf [토운 데프]

박치 : have no rhythm [해브 노우 리듬]

몸치 : bad at dancing [배 댓 댄씽]

two left feet [투 레프트 핏](예로부터 왼쪽은 오른쪽보다 열등(劣等)하게 취급(取扱)되었는데, 발 둘이 다 왼쪽 발인 거니까 신통치 못한 게 되겠죠?)

38. **Money begets money**

[마니 비게쯔 마니]

/돈이 돈을 번다

'beget [비겟]'이라는 말은 '자식을 두다, ~의 원인(原因)이 되다'라는 의미이므로 '돈이 돈을 자식으로 둔다.'는 말이니 '돈이 돈을 번다.'는 의미가 되니까, 결국 빈익빈(貧益貧) 부익부(富益富)와 일맥상통(一脈相通)한다고 하겠습니다.

이를 다르게는

'Money breeds money.

[마니 브리-즈 마니]'라고 하는데,

'breed'라는 말이 '새끼를 번식(繁殖)하다'는 의미가 있으므로,

'돈이 새끼를 낳는다.'는 정도의 뜻이 되므로 비슷한 표현이 됩니다.

'breeder [브리더]'가 그래서

'동물(動物)을 사육(飼育)하고 번식(繁殖)시키는 사람'이라는 뜻입

니다.

'money [마니]' 얘기가 나왔으니 말인데,

'Money does not grow on a tree.
[마니 더즈 낱 그로우 온 어 트리]'라는 말이 있는데, 직역을 하면
'돈이 나무에서 자라지 않는다.'라는 말이 됩니다.

이는 돈이란 게 나무에서 자라듯이 저절로 생기는 게 아니다. 즉, '돈 벌기가 쉽지 않다.'는 뜻으로 우리말에 '땅을 파면 돈이 나오느냐?'고 하는 말과 유사(類似)하게 이해하면 되겠습니다.

그리고 'beget [비겟]'이라는 말을 써서,

'Possibilities will beget more possibilities.
[파써빌러티즈 윌 비겟 모어 파써빌러티즈]
/가능성(可能性)은 더 많은 가능성을 낳을 것이다.'

'Changes beget more changes.
[체인지즈 비겟 모어 체인지즈]
/변화(變化)는 더 많은 변화를 낳는다.'라고 표현할 수 있겠습니다.

39. To see is to believe

[투 씨 이즈 투 빌리브]

Seeing is believing

[씨잉 이즈 빌리빙]
/보는 것이 믿는 것이다
/백문(百聞)이 불여일견(不如一見)

'보는 것이 믿는 것이다.'는 아무리 말을 들어도 봐야만 믿는다는 뜻이 되니까, 백문(百聞)이 불여일견(不如一見)이라고 할 수가 있겠습니다.
이와 같은 문형(文型)으로,

'Teaching is learning.

[티칭 이즐 러닝]

/가르치는 것이 곧 배우는 것이다.'라는 표현(表現)이 있었는데,

이와는 달리 '~와 ~는 별개(別個)의 것이다'라는 표현으로는,

'Knowing is one thing, teaching is another.

[노잉 이즈 완 띵, 티칭 이즈 어나더]

/아는 것과 가르치는 것은 별개(別個)의 것이다.' 즉
'많이 안다고 잘 가르치는 것은 아니다.'라는 의미(意味)가 됩니다.

여기서 'see [씨이]'라는 말은 '보다'는 뜻 이외에도 '알다'라는 뜻이 있어
서, 'I see. [아이 씨이]'라고 하면 '네, 알겠습니다.'라는 공순한 말이 되지만
'I know. [아이 노우]'라고 하면 '나는 이미 알아요.'라는 뜻이므로, 이미 알
고 있으니 '더 이상 말이 필요 없다'는 조금은 덜 공순(恭順)한 말이 되겠
습니다.

그리고 여기서 'believe [빌리-브]'라는 말은 '믿다'는 말인데,
'당신을 신뢰(信賴)한다.'는 말을
'I believe in you.
[아이 빌리-빈 유]'라고 하는가 하면

'I trust you.
[아이 트러스 튜]'라고 하면
'믿고 맡긴다.'는 의미가 되어서,
단순히 심적(心的)으로 믿기만 하는 게 아니라, 믿고 의지(依支)하
여 맡긴다는 의미가 됩니다.

40. Rob Peter to pay Paul

[롭 피러 투 페이 폴]

Robbing Peter to pay Paul

[라빙 피러 투 페이 폴]
/폴의 빚을 갚기 위해 베드로를 강탈하다
/돌려막기

여기서 'rob [롭]'이라고 하면 '강도(强盜)짓을 하다'라는 뜻으로서, 'robber[라버]'는 '강도'가 되고, '강도짓'은 'robbery [라버리]'라고 합니다.

그리고 'steal [스틸]'은 '훔치다'는 뜻이니까 강도와는 다른 의미라는 것을 기억해야겠습니다. 훔치는 것은 살짝 몰래 가져가는 거지만, 강도는 흉기(凶器)를 사용하고 협박(脅迫)을 해서 강탈(强奪)을 하는 것이니까, 더 죄(罪)가 무겁겠지요.

1)
'stealer [스틸러]'라고 하면 물리적(物理的)으로 물건을 훔치는 사람이라기보다는,

"

'scene-stealer [씬-스틸러]

/남의 관심(關心)을 독차지하는 사람',

'brain-stealer [브레인-스틸러]

/남의 글 등의 표절(剽竊)자'라는 뜻으로 쓰이고,

2)

법적(法的)으로, 물리적으로 물건을 훔쳐서 절도(竊盜)에 해당하는 일을 하는 '도둑'은 'thief [띠-프]'라고 하고 '도둑질', 즉 '절도'는 'theft [떼프트]'라고 하는 것도 함께 기억해 두면 되겠습니다.

3)

'pay [페이]'라고 하면 '지불(支拂)하다'라는 의미로서,

'I will pay for it.

[아 윌 페이 훠 릿]

/그것은 내가 지불할게.' 아니면,

'It is on me.

[이 리즈 온 미]

/그것은 내가 지불할게.'

'Coffee is on me.

[커피 이즈 온 미]

/커피는 내가 살게.'라고 하고,

'Does your job pay well?

[더즈 유어 잡 페이 웰]

/당신의 직장(職場)은 돈을 잘 지불하느냐?'는 의미니까

'당신 직장에서 돈을 많이 버느냐?'는 의미가 되고,

'당신은 얼마나 받느냐?'고 하고 싶으면,

'How much do you get paid?

[하우 머취 두 유 겟 페이드]'라고 하면 되겠습니다.

4)

　또한 빚을 갚다, 즉 빌린 '돈을 돌려주는 것'을 'pay back [페이 백]'이라고 해서,

'조만간(早晩間), 빌린 돈을 당신에게 돌려주겠다.'고 하려면,

'I will pay you back, sooner or later.

[아 윌 페이 유 백 쑤너 오얼 래이러]'라고 하는데,

실은 안 좋은 일을 당하고 '그것을 되갚아 주겠다'고 할 때도,

'I will surely pay you back.

[아 윌 슈얼리 페이 유 백]

/내가 반드시 갚아줄 거야.'라고 할 수 있지요.

31번~40번 듣기

●

콩트 넷

- Get up, it's 5

/일어나, 5시야

A husband and wife had been arguing.

남편과 부인이 말다툼을 해 왔다.

Now they were giving each other a silent treatment.

급기야 이제는 서로에게 말을 하지 않게 되었다.

The man had to catch a flight early the next day.

헌데, 남편이 다음 날 일찍이 비행기를 타야만 했고.

He needed his wife to wake him up at 5 in the morning.

그래서 부인에게 아침 5시에 깨워 달라고 해야만 했다.

Not wanting to break the silence,

말을 걸기가 싫어서

he wrote a note and put it on her side of the bed.

그는 메모를 써서 부인의 침대 머리맡에 놓았다.

That said 'Please, wake me up at 5.'

거기에 쓰여 있기를 '나를 5시에 깨워 줘.'

The next morning he got up at 8. He missed his flight.

다음 날 아침에 그는 8시에 일어나서 비행기를 놓쳤다.

He was so upset. He went in to ask why she didn't wake him up.

그는 화가 나서 부인에게 왜 깨우지 않았는지 따지러 갔다.

And he noticed a piece of paper on his side of the bed.

그리고 그는 자기 쪽 침대에서 종이쪽지 하나를 발견했는데,

He opened it up. It said *Get up, it's five.*

그것을 열어 보자 거기에 쓰여 있기를 '일어나, 5시야.'

●

노래 넷

- Let bygones be bygones/다시 잘 지내자!

Hey, my friend,/어이, 친구야

헤이, 마이 프랜드

Are you upset by me?/나 때문에 화났어?

아 유 업세트 바이 미?

Did I hurt your feeling?/내가 네 감정을 상하게 했나?

디 다이 헐트 유어 휠링?

I am sorry if I did/그랬다면 미안해

아임 쏘리 이프 아이 딧

But I didn't mean to/그럴 생각은 아니었는데

밭 아이 디든트 민 투

You mean very much to me/넌 내게 중요한 사람이야

유 민 베리 머치 투 미

How could I mean to hurt you!

/내가 어떻게 널 나쁘게 하려고 했겠어!

하우 쿳 아이 민 투 헐튜

If I made you angry, pardon me once

/내가 화나게 했다면 한 번만 봐줘

이프 아이 메이 듀 앵그리, 파든 미 완스

I truly didn't mean to/절대 그럴 뜻이 아니었어

아이 트룰리 디든트 민 투

You never know/넌 몰라

유 네버 노우

how precious you are to me!

/네가 내게 얼마나 소중한 사람인지

하우 프레셔스 유 아 투 미

Let bygones be bygones/지난 일은 잊고 잘 지내자

렛 바이건즈 비 바이건즈

That won't happen again/다시는 그런 일이 없을 거야

댓 오운 해픈 어개인

Let bygones be bygones/다시 잘 지내자

렛 바이건즈 비 바이건즈 투 미

Hey, my friend,/어이, 친구야

Are you upset by me?/나 때문에 화났어?

Did I hurt your feeling?/내가 네 감정을 상하게 했나?

I am sorry if I did/그랬다면 미안해

But I didn't mean to./그럴 생각은 아니었는데

You mean very much to me/넌 내게 중요한 사람이야

How could I mean to hurt you!

/내가 어떻게 널 나쁘게 하려고 했겠어!

If I made you angry, pardon me once

/내가 화나게 했다면 한 번만 봐줘.

I truly didn't mean to/절대 그럴 뜻이 아니었어

You never know/넌 몰라

how precious you are to me!

/네가 내게 얼마나 소중한 사람인지

Let bygones be bygones/지난 일은 잊고 잘 지내자

That won't happen again/다시는 그런 일이 없을 거야

Let bygones be bygones/다시 잘 지내자

41. After death, to call the doctor

[애프터 데쓰, 투 콜 더 닥터]

/죽고 난 후에 의사 부르기

/사후 약방문(死後 藥方文)

Lock the stable after the horse is stolen

[락 더 스테이블 애프터 더 홀스 이즈 스톨른]

/소(말) 잃고 외양간 고치기

'doctor [닥터]'라고 하면 우리는 쉽게 '의사(醫師)'라고 생각하지만, 'doctor'라고만 하면 '박사(博士)'라는 뜻도 되므로, '의사'라고 하고 싶으면 'medical doctor [메디컬 닥터]'라고 해야겠습니다.

1)

산부인과(產婦人科) 의사 : gynecologist

[가이너칼러지스트]

소아과(小兒科) 의사 : pediatrician [피디에트리션]

외과(外科) 의사 : surgeon [써-전]

내과(內科) 의사 : internal medicine doctor, internist

[인터널 메디씬 닥터, 인터니스트]

정형외과(整形外科) 의사 : orthopedist [올또피디스트]

성형외과(成形外科) 의사 : plastic surgeon

[플라스틱 써-젼]

정신과(精神科) 의사 : psychiatrist [싸이카이아트리스트]

수의사 : veterinarian [비테리네리언]

피부과(皮膚科) 의사 : dermatologist [더마톨로지스트]

안과(眼科)의사 : ophthalmologist [옵딸몰로지스트],

eye specialist [아이 스페셜리스트]

치과(齒科)의사 : dentist [덴티스트]

이비인후과(耳鼻咽喉科) 의사

: ENT(eye, nose, throat) doctor [이엔티 닥터]

2)

여기서 간단히 학위에 대해서 얘기를 하자면,

박사학위(博士學位)는 doctor's degree [닥터스 디그리],

석사학위(碩士學位)는 master's degree [매스터스 디그리],

학사학위(學士學位)는 batchelor's degree [배철러스 디그리]라고

한다는 것도 기억해 두면 좋겠지요.

3)

또한 'lock [락]'라고 하면, '잠그다'라는 뜻으로,

'Did you lock the door?

[디 듀 락 더 도어]

/문을 잠갔어?'

'Who can unlock the door?

[후 캔 언락 더 도어]

/누가 문을 딸 수 있어?'라고 쓸 수 있겠고,

4)

'탈의실(脫衣室)'이 'Locker Room [라커룸]'이라는 것도 기억하면 좋겠습니다. 'locker/사물(私物)함'가 있는 방이니까 결국 'Changing Room [체인징 룸]/탈의실'이 되고요, 옷가게에서 옷을 갈아입는 곳은 'Fitting Room [피팅 룸]'이 되겠습니다.

5)

그런가 하면, 문이 밖에서 잠겨서 감금(監禁)된 상태에 있을 때,

'I am locked in.

[아이 앰 락뜨 인]

/안에 갇혔다.'라고 하고,

'문이 안에서 잠겨서 안으로 들어갈 수 없다.'고 할 때,

'I am locked out.

[아이 앰 락뜨 아웃]'이라고 하는 것도 알아 두면 유용(有用)하겠
고요,

이를테면, '차 키를 차 안에 두고 문을 잠가서 차 안에 들어갈 수 없을
때'도,

'I am locked out of my car.

[아이 앰 락뜨 아우 로브 마이 캐]'라고 하면 되겠습니다.

6)

그리고 'stable [스테이블]'이라고 하면, 형용사로는 '안정적인'이라는 뜻
이고, 명사로는 '마구간'이라는 의미입니다. 따라서 '말을 도둑질당한 후에
마구간을 잠근다.'는 의미니까 우리말로 '소 잃고 외양간 고친다.'는 의미
가 됩니다.

42. A sound mind in a sound body

[어 싸운드 마인드 인 어 싸운드 바디]
/건강(健康)한 육신(肉身)에 건강한 정신(精神)

'sound'라고 하면 단순(單純)히 '소리'라고 생각하기 쉬운데, 물론 소리라는 뜻도 있고 '소리가 나다, 소리가 들리다'라는 뜻도 있어서,

'That sounds good.

[댓 싸운즈 굿]'을 직역(直譯)하면,

'그것이 좋게 소리가 난다,

그거 좋은 소리다.'라는 의미로

'좋은 얘기야.'라는 의미죠.

그런데 여기서는 'sound'가 형용사로서 '건강한, 건전(健全)한'의 의미입니다.

1)

또한 'mind [마인드]'라고 하면 '마음'이라는 명사로는,

'What's on your mind?

[와쯔 온 유어 마인드]

/당신 맘에 무엇이 있느냐?' 즉,

'당신 생각은 어떠냐?'라고 쓰이고,

동사로는 '신경(神經) 쓰다', 또는 '꺼리다'의 의미가 있어서,

'Mind your own business.'

[마인 듀어 오운 비즈니스]'라고 하면

'네 일이나 신경 써.'라는 의미이고

'Do you mind?

[두 유 마인드]'라고 하면,

'왜, 싫어?'

'Do you mind opening the window?

[두 유 마인드 오프닝 더 윈도우]'라고 하면

'문 여는 게 싫어?'라는 의미죠.

2)

이에 대한 대답으로 친절(親切)하게 상대방(相對方)을 배려(配慮)하는 대답(對答)을 하려면,

'Of course, not. [오브 코우스, 낫]'

'No, not at all. [노우, 나 래 롤]'

'Go ahead. [고우 어헤드]'라고 해야

'네, 괜찮으니 그리하세요.'라는 의미가 됩니다.

3)

여기서 mind라는 말끝에 ed를 붙여서 과거분사가 되면, '~한 마음의'라는 뜻이 되어서,

open-minded [오픈 마인디드] : 열린 마음의

narrow-minded [내로우 마인디드] : 좁은 마음의

absent-minded [앱쓴 마인디드] : 결석한 마음의, 건망증(健忘症)인

out of one's mind [아우 로브 완스 마인드],

not oneself [낫 완쎌프] : 제정신이 아닌

ex) He is out of his mind. [히 이즈 아우 로브 히즈 마인드]

He is not himself. [히 이즈 낫 힘쎌프]/그는 제정신이 아니다.

humble-minded [험블 마인디드] : 겸손(謙遜)한 마음의

noble-minded [노블 마인디드] : 고귀(高貴)한 마음의

같이 쓰입니다.

4)

여기서 'business [비지니스]/사업(事業), 일'이라는 말이 나와서 말인데,

흔히 쓰는 '공은 공이고 사는 사다.'라는 말을

'Business is business.

[비지니스 이즈 비즈니스]'라고 하고,

'That's my business.

[대쯔 마이 비지니스]'라고 하면,

'그건 내 일이니 신경 쓰지 말라'는 의미가 되어

'Mind your own business.

[마인 듀어 오운 비즈니스]

/네 일이나 신경 써.'와 같은 뜻이 됩니다.

5)

'Business is business.'라는 문형(文型)과 비슷하게,

'Promise is promise.

[프라미스 이즈 프라미스]'라고 하면

'약속(約束)은 약속이다.'라는 의미여서,

'어찌 됐든 약속을 했으면 지켜야 한다.'는 뜻이 되겠습니다.

여기서 'promising [프라미씽]'이라고 하면 '장래(將來)가 촉망(囑望)되

다'는 뜻으로,

'He is a very promising young man.

[히 이 저 베리 프라미씽 영 맨]

/그는 장래가 매우 촉망되는 젊은이다.'라는 뜻이 됩니다.

6)

그런데 여기서 유의할 것은 우리말로 '약속(約束)'이라고 하는 말이 영

어로는 두 가지 표현이 있는데,

하나는 'promise [프라미쓰]'이고

다른 하나는 'appointment [어포인트먼트]'라는 말입니다.

'promise'라고 하면

내가 결혼(結婚)하면 호강을 시켜 주겠다든가

내가 차를 사 주겠다는 등

'무슨 행위(行爲)를 하겠다는 약속'을 'promise'라고 하고,

언제, 어디서 만나겠다는
'시간(時間)이나 장소(場所)에 대한 약속'을
'appointment'라고 합니다.

　　이를테면, 'I promise you that I will never let you down.
　　[아이 프라미쓰 유 댓 아 윌 네버 렛 튜 다운]
　　/내가 약속하는데 절대 실망(失望)시키지 않겠어.'라고 할 수 있고,

　　'I made an appointment to meet him at 11 pm. at his office.
　　[아이 메이드 언 어포인트먼트 투 밋 힘 앳 일레븐 피엠 엣 히즈
　　오피스]
　　/나는 그를 오후 11시에 그의 사무실(事務室)에서 만나기로 약속
　　했어.'라고 표현할 수 있습니다.

43. A stitch in time saves nine

[어 스티치 인 타임 쎄이브즈 나인]

/제때에 바느질 한 땀이 아홉 땀을 구한다

/제때에 일을 하라

옛말에 '호미로 막을 것을 써레로도 못 막는다.'는 말이 있듯이, 둑이 터지는데, 처음에 작은 구멍이 날 때는 빨리 손을 쓰면 될 것을 때를 놓치면 아예 손을 쓸 수 없게 되는 것을 생각하면 되겠습니다.

1)

'stitch' 하면, '바느질 땀, 뜨개질 코' 등의 의미로 쓰입니다.

예를 들어

'십자수'는 'cross stitch [크로쓰 스티치]',

'박음질'은 'backstitch [백 스티치]',

'홈질'은 'running-stitch [러닝 스티치]',

'천을 덧붙이는 것'은 'applique stitch [아플리케 스티치]'라고 합니다.

뜨개질에서 ‘코를 빠트리는 것’을 ‘drop a stitch [드랍 어 스티치]’라고 하는데, 뜨개질을 하다가 코를 하나 빠뜨렸을 때, 코를 바로 찾아서 하면 쉬울 것을 때를 놓치고 계속 뜨면, 나중에 결국(結局) 그것이 풀려서 다 풀고 다시 떠야 하는 수고(愁苦)를 해야만 하지요.

2)

그리고 ‘in time [인 타임]’이라고 하면,

‘in proper time [인 프라퍼 타임]

/적당한 때에’를 의미하고,

‘정시(定時)에’라고 하려면

‘on time [온 타임]’

‘punctual [펑츄얼]/시간을 엄수(嚴修)하는’의 의미로,

‘He is always on time.

[히 이즈 올웨이즈 온 타임]’,

‘He is very punctual.

[히 이즈 베리 펑츄얼]’이라고 하면,

‘그는 항상(恒常) 시간을 정확(正確)히 지킨다.’라는 뜻이 됩니다.

3

그리고 'save [쎄이브]'라는 말은 '저축(貯蓄)하다'라는 뜻과 '구해 주다'라
는 뜻이 있는데,

'Save some for rainy days.
[쎄이브 썸 훠 레이니 데이즈]'라고 하면
'어려울 때를 대비(對備)해서 돈 등의 일부(一部)를 저축(貯蓄)해
둬라.'는 뜻이 되고,

'He saved my life.
[히 쎄이브드 마일 라이프]
/그가 내 생명(生命)을 구해 줬다.'는 뜻이 됩니다.

또한 'Save it [쎄이브 잇]!'이라고 하면,
굳이 하고 싶은 말이나 행동(行動)을 다 하지 말고 '그냥 좀 참고
묻어 두라.'는 의미로 쓰입니다.

44. Let bygones be bygones!

[렛 바이건즈 비 바이건즈]

/지난 일은 지난 일로 묻어 두자

/앞으로 잘 지내자

'bygones [바이건즈]'라는 말은 '과거지사(過去之事)' 즉 '이미 지난 일'이라는 뜻이므로 '지난 일은 지난 일이 되게 하라.'는 말이 됩니다. 이는

'Bygones are bygones!

[바이건즈 아 바이건즈]'라고도 하는데, 이는 결국 '지난 일은 지난 일일 뿐이다.'라는 말이므로 같은 의미라 하겠습니다.

1)

여기서 다양(多樣)하고 유용(有用)하게 쓰이는 'let'이라는 동사에 대해서 잠시 공부하고 넘어가는 게 좋을 듯한데, 'let'은 본래 '시키다'라는 뜻이므로,

'Let me go.

[렛 미 고우]'라고 하면

'나를 가게 해 줘, 나를 보내 줘'라는 뜻이 되고,

'Let me know.

[렛 미 노우]'라고 하면

'나를 알게 하라', 즉

'내게 정보(情報)를 알려 줘'라는

'Inform me [인포옴 미].'라는 의미가 됩니다.

그리고 자신(自身)을 소개(紹介)하려 할 때에도

'I will introduce myself.'라고 하지 않고,

'Let me introduce myself.

[렛 미 인트로듀스 마이쎌프]

/저 자신을 소개하겠습니다.'라고 하며,

내가 뭔가 네게 얘기를 해야겠다고 할 때도,

'I will tell you something.'이라고 하지 않고

'Let me tell you something.

[렛 미 텔 류 썸띵]

/네게 얘기 좀 할게.'라고 한다는 것도 기억해 둡시다.

　호주 가수 '올리비아 뉴튼 존'이 불러서 히트한 팝송 'Let me be there.
[렛미 비 데어]'도 '나를 거기에 있게 해 달라.', 결국 '당신이 있는 그곳에
내가 있게 해 달라.'는 의미가 되는 것을 이해할 수 있을 것입니다.

2)

　똑같은 방식(方式)으로, 'Let it be. [레 릿 비]'라고 하면 '그것이 되게 하
라.'라고 직역이 되는데, '그 본래(本來)의 상태(狀態)가 되게 하라, 그대로
두어라'라는 뜻이 되는 것이므로, 비틀즈가 노래하듯 '그걸 그냥 그대로
내버려두라, 될 대로 내버려두라'는 말이 됩니다.

이는 곧 비틀즈의
'레 릿 비/Let it be',
'케세라 /Cesera',
아다모의 '인샬라/Inch Allah'의 의미가 되는 것입니다.

영화 'Frozen [후로즌]/겨울왕국'에서
'Let it go [레릿 고우].'라는 말이 나오는데, 직역을 하면
'그것이 가게 내버려두라'는 말인데, 일반적으로는
'그쯤 해 두라,
이제 그만 놔주라'는 정도의 말이 됩니다.

여기서 좀 더 나아가서, 'Let it be me. [레 릿 비 미]'라고 하면, '그것이 내가 되게 하라.'는 말이 되므로, 'it'이 뭐가 되느냐에 따라서, 그 존재(存在)가 내가 되게 하라는 말이 되는데, 이쯤에서 옛날에 유행(流行)했던 감미로운 팝송 'Let it be me'의 가사를 한번 음미(吟味)해 보면 문형과 의미를 파악(把握)하는 데 많은 도움이 되겠습니다.

45. Out of frying pan into the fire

[아우 로브 프라잉 팬 인투 더 화이어]

/프라이팬에서 불로 들어가기

To go from bad to worse

[투 고우 후롬 뱃 투 워스]

/설상가상(雪上加霜)

1)

여기서 'fry'는 기름을 넣고 볶거나 튀기는 것을 의미합니다.

그래서 계란프라이를,

Fried egg [프라이드 에그]라고 하고,

달걀을 한 쪽만 익혀서 노른자가 중앙(中央)에 노랗게 있는 것을,

Sunny-side up [써니 싸이드 업]이라고 하고,

휘저어 프라이하는 것을

Scrambled egg [스크램블드 에그]라고 하며,

또한 삶은 계란을

Boiled egg [보일드 에그],

계란찜을

Steamed egg [스팀드 에그]라고 합니다.

그리고 '불'이라는 명사 fire [화이에]는

'Fire Station [화이어 스테이션]/소방서',

'Fire-fighter [화이어 화이터]/소방관'처럼 쓰이지만,

2)

동사로서의 'fire'는 '불을 붙이다, 발사(發射)하다, 해고(解雇)하다'의 의미로 쓰입니다.

'fire'라는 말의 용도(用途)를 보면, 옛날에 대포(大砲)를 쏘려면 화약(火藥)에다가 불을 붙여야만 발사(發射)가 되는데, 그때 '불을 붙여! 발사해!'라는 의미가, 곧 동사 'Fire!'가 된 것이고,

'Fire him [화이어 힘]

/그를 해고시켜',

'He got fired. [히 갓 화이어드]

/그는 해고당했다.'라는 것도 결국, 회사에서 밖으로 발사를 시키

면 대포알처럼 밖으로 나갈 수밖에 없으니, 결국은 같은 어원(語
原)의 의미가 있다고 하겠습니다.

"웃고 갑시다!"

난센스 퀴즈 넷

1. 아몬드가 죽으면?

2. 신하가 왕에게 공을 던지며 하는 말?

3. 세상에서 가장 억울한 도형은?

정답 : 1. 다이아몬드 2. 송구(送球)하옵니다, 전하 3. 원통

46. Haste makes waste

[헤이스트 메익스 웨이스트]

/서두르면 손해(損害)다

'haste [헤이스트]'라는 말은 명사로

'서두름'이라는 뜻이고,

'서두르다'라는 동사는

'hasten [헤이쓴]'이며,

'서두르는'이라는 형용사는 'hasty [헤이스티]'입니다.

그러나 'waste [웨이스트]'는

'낭비, 쓰레기'라는 명사도 되고

'낭비(浪費)하다'라는 동사도 되는데, 일반적으로

마땅히 쓸 것을 쓰는 '소비(消費)'는 'spend [스펜드]'라고 하고,

쓸데없이 함부로 잘못 쓰는 것 즉, '낭비'를 'waste [웨이스트]'라고

합니다.

그러니까 여기서 'Haste makes waste. [헤이스트 메익스 웨이스트]'는 '서두르는 것이 낭비를 만든다.'라고 직역이 되니까 '서두르는 것이 결국 낭비(浪費)를 초래(招來)한다.'는 정도로 이해하면 되겠습니다.

여기서 명사 'waste'를 활용하여,

'It's just a waste of time.

[잇 져스트 어 웨이스트 오브 타임]'이라고 하면,

'그것은 단지 시간(時間) 낭비일 뿐이다.'라는 말이 됩니다.

'Don't waste your money on that.

[도운트 웨이스트 유어 마니 온 댓]'라고 하면

'그런 것에 돈을 낭비하지 마라.'라는 정도의 말이 되는데,

물론 'Don't spend your time on that.

[도운 스펜드 유어 타이 몬 댓]'라고도 할 수 있지만, 이는

'그런 것에 시간을 쓰지 마라'라는 의미가 되어,

'waste'는 누가 봐도 뻔하게 낭비(浪費)될 만한 일을 할 때 나무라는 정도의 말이 되겠지만, 'spend'를 쓰면 혹여 잘못될까 염려(念慮)하여 권고(勸告)의 말을 한다고 이해를 하면 되겠습니다.

47. **Easier said than done**

[이지어 쌔드 댄 단]

/말은 쉬우나 행하기는 어렵다

여담이지만, 예전에 우리 돌아가신 할아버지께서는, 어린 시절에 한학자(漢學者)이셨던 아버지께서 일본군(日本軍)의 말을 듣지 않는다고, 일본군들이 하룻밤 사이에 열한 남매(男妹)와 온 가족(家族)을 다 도륙(屠戮)을 했답니다.

그 와중(渦中)에, 막내로 혼자서 팬티 바람으로 오밤중에 도주(逃走)해서 혼자 살아남으시다 보니, 한(恨)이 많으셔서 그런지, 술을 종종 많이 드셨는데, 평상시(平常時)에는 정말 점잖으시고 샌님처럼 말이 없으셨는데, 술을 드시면 재미난 이야기를 한자성어(漢字成語)와 섞어서 끝없이 줄줄이 외우곤 하셨습니다.

그런데 그중에 유독 기억에 남는 말씀이 '말(言)로 떡을 하면 조선(朝

鮮) 사람이 다 먹고도 남는다.'라는 말씀이셨어요. 그렇죠. 말로는 못 할 것이 없지만 행동(行動)하기는 그리 만만치 않은 것이 현실(現實)이 아닌가 싶습니다.

'easier [이지어]'는 easy의 비교급으로 '더 쉬운'이라는 뜻이라서 '말로 되는 것이 행해지는 것보다 더 쉽다.'는 뜻인데, 이와 유사한 표현으로,

'Saying is one thing and doing is another.
[세잉 이즈 완 띵 앤 두잉 이즈 어나더]
/말하는 것과 행동하는 것은 별개이다.'라고 하고,

같은 문형으로,
'Knowing is one thing and teaching is another.
[노잉 이즈 완 띵 앤 티칭 이즈 어나더]
/아는 것과 가르치는 것은 별개(別個)이다,
많이 안다고 잘 가르치는 것은 아니다'라는 의미로 쓰입니다.

여기서 'What is done is done.
[와 리스 단 이즈 단]'이라는 말이 있는데,
이는 '이미 된 일은 된 일'이라는 의미로,
'이미 지난 일을 되돌릴 수 없다.'는 의미입니다.

48. Slow and steady wins the race

[슬로우 앤 스테디 윈즈 더 레이스]

/천천히 꾸준히 하는 것이 경기(競技)를 이긴다

토끼와 거북이를 생각하면 이해가 쉽겠지요?

여기서 '천천히 하라, 속도(速度)를 줄이다'라는 말을

'Slow down. [슬로우 다운]'이라고 하고,

반대(反對)로 '속도를 내라'는 말을

'Speed up. [스피드 업]'이라고 하며,

'좀 천천히 말씀하시라'는 말을

'Speak a little slowly.

[스피크 어 리를 슬로울리].'라고 하고,

'배우는 게 느린 사람'을

'Slow learner

[슬로울 러너]'라고 합니다.

그리고 여기서 'steady [스테디]'는 '꾸준하고 차분한, 안정적(安定的)인' 의미가 있어서, 'Slow and steady wins the race. [슬로우 앤 스테디 윈즈 더 레이스]'가 '천천히 착실히 하는 것이 결국 경기를 이기게 된다.'는 의미 인데,

 * 사람을 가리켜 'steady [스테디]'라고 하면 장래(將來)를 생각하고 '신 중히 사귀는 상대'를 가리켜 말합니다.

그래서 'This is my date.
[디스 이즈 마이 데이트]'라고 하면,
'이 사람은 나의 데이트 상대(相對)'라는 뜻이고,

'This is my girl friend.
[디스 이즈 마이 걸프렌드]
/이 사람은 내 여자 친구'라는 뜻이며,

'She is my steady (going-steady).
[쉬 이즈 마이 스테디(고잉-스테디)]'라고 하면
'그녀는 내가 결혼(結婚)을 생각하고 진지하게 사귀는 사람'이라 는 뜻이 됩니다.

여기서 'win [윈]'이라고 하면

'이긴다'는 뜻이고,

'lose [루즈]/지다, 잃다'는 뜻이므로,

'승자'를 'winner [위너]'라고 하고

'패자'를 'loser [루저]'라고 합니다. 그래서

'그냥 져 주라'는 말을

'Be a good loser. [비 어 굿 루저]'라고 하고,

'승자(勝者)가 독식(獨食)한다.'는 말을

'Winner takes it all.

[위너 테익스 잇 올]'이라고 해서, 스웨덴의 유명한 혼성(混聲) 그룹가수 'ABBA'의 노래제목(題目)으로도 나오는 말이지요.

그런가 하면, 'OK, you win. [오케이, 유 윈]'이라는 말을 쓰는데, 이는 골치 아프게 계속 언쟁(言爭)을 한다거나 따질 때, '그래, 내가 져 준다.', '그래, 네가 이겼다고 치자.'라는 의미로 '그래, 네가 이겼다.'라고 말하는 것입니다.

49. Every horse thinks his pack heaviest

[에브리 홀스 띵쓰 히즈 팩 헤비스트]

/모든 말은 자기 짐이 가장 무겁다고 생각한다

1)

'pack'이란 '짐, 꾸러미'이라는 명사 외에도, 동사로 '짐을 싸다, 짐을 꾸리다'는 뜻이므로,

'Pack up your things.

[팩 업 유어 띵즈]'라고 하면

'너의 물건 짐을 싸라.'는 의미이고,

2)

반대말은 앞에 'un'을 붙여서 'unpack [언팩]'이라고 하면 싼 것을 '풀다'라는 뜻이 되어서,

'Did you unpack your luggage?

[디 쥬 언팩 유어 러기지]

/네 짐을 풀었어?'라고 쓸 수 있습니다.

　　그리고 요즈음 등산(登山) 때나 학생들의 등에 메는 가방을 'backpack [백팩]'이라고 하지요? 'back'이 '등'이라는 뜻이고 'pack'이 '꾸러미'라는 의미이므로 '등에 메는 가방'이 된 것이지요.

3)

　　이와 유사(類似)하게,

　　'do [두]/하다'는

　　'undo [언두]/없던 걸로 하다',

　　'load [로드]/짐을 싣다'는

　　'unload [언로드]/짐을 풀다'

　　'lock [락]/잠그다',

　　'unlock [언락]/따다',

　　'chain [체인]/사슬로 묶다'는

　　'unchain [언체인]/사슬을 풀다'로 활용할 수 있습니다.

4

여기서 'undo'의 과거분사 'undone [언단]'을 사용해서,

당신 지퍼가 열렸다.

/Your fly is undone

[유어 플라이 이즈 언단].

당신 신발 끈이 풀렸다.

/Your lace is undone

[유얼 레이스 이즈 언단].

단추가 열렸어요.

/Your button is undone

[유어 버튼 이즈 언단] 등으로 쓸 수 있어요.

또한 XYZ라고 하면

'당신의 지퍼를 확인(確認)해라.

/Examine Your Zipper

[이그재민 유어 지퍼]'의 앞 글자(ex : Y, Z)를 따서 표현(表現)합니다.

5)

그리고 'think [띵크]/생각하다'라는 말을 이용해서 '신중(愼重)히 잘 생

각해서 하라.'는 말을,

'Think twice. [띵크 트와이스]

/두 번 생각해.'

'Think it over. [띵 킷 오버]

/다시 생각해.' 혹은

'You'd better sleep on it.

[유드 베러 슬립 온잇]

/잠자며 곰곰이 생각하라.' 등과 같이 표현합니다.

여기서 한 번을 Once [완스],

두 번을 Twice [트와이스],

세 번을 Three times [뜨리 타임스],

네 번을 Four times [훠 타임스],

100번을 Hundred times [헌드레드 타임스] 등과 같이 씁니다.

50. Every Jack has his Jill

[에브리 잭 해즈 히즈 질]

/모든 '잭'은 자기의 '질'이 있다

/짚신도 짝이 있다

여기서 'Jack'은 우리나라 '철수'처럼 '흔한 남자 이름'이고, 'Jill'은 '영이'나 '순자'처럼 '흔한 여자 이름'이므로, '그저 그런 사람도 다 짝이 있다.'는 의미라고 이해하면 쉽지 않을까 싶어요.

Every Jack

[에브리 잭]

/모든 잭(흔한 남자)은

has his Jill

[해즈 히즈 질]

/자기의 질(흔한 여자)을 가진다.

* 흔한 이름 '잭'은 그래서 '다방면(多方面)에 재주가 많은 사람'도 'Jack'

을 써서,

'Jack of all trades, and master of none.

[잭 오브 올 트레이즈, 앤 매스터 오브 난]

/다방면(多方面)에 재주가 있으나 한 가지도 뛰어난 것이 없는 잭

(사람)'이라고 하고,

'All work and no play makes Jack a dull boy.

[올 웍 앤 노우 플레이 메익스 잭 어 덜 보이]

/공부만 하고 놀지 않으면 잭(사람)을 바보가 되게 한다.'고 합니다.

콩트 다섯

- Monkey Dad

/원숭이 후손인 아빠

A little girl asked her mother.

어린 소녀가 자기 엄마에게 물었다.

'How did the human race get started'?

인간은 어떻게 생겨났어요?

The mother explained how God made Adam and Eve.

엄마는 신께서 어떻게 아담과 이브를 만드셨는지를 설명했고,

They had children and on and on, and here we are today.

그들이 아이를 갖고 해서 이렇게 오늘날과 같이 됐다고 했다.

A few days later, she asked her father the same question.

며칠 후에, 아이는 아빠에게 똑같은 질문을 했다.

He explained how many years ago there were monkeys;

아빠는 오래전에 원숭이가 있었고

little by little they became more like humans.

조금씩 그들이 인간을 닮아 갔고

And now, here we are.

이제 지금처럼 되었다고 설명했다.

Confused, she went back to her mom, and she said

헷갈리게 된 아이가 엄마에게 다시 와서 말하기를

'Mom, you said God created people;

엄마, 엄마는 신께서 사람을 창조하셨다고 했는데,

Dad said we came from monkeys.

아빠는 우리가 원숭이로부터 왔대요.

How can that be?'

그게 어찌 된 거죠?

Mom said 'Honey, that's easy.'

그러자 엄마가 말하기를, 얘야, 그건 간단하단다.

I told you about my side of the family,

나는 우리 집(외가 쪽) 혈통을 말한 거고,

and Dad told you about his.

아빠는 아빠네(친가 쪽) 혈통을 얘기한 거란다.

노래 다섯

- I couldn't recognize you!/내가 널 못 알아봤잖니!

There was a lady in her 50s/50대 여성이

데어 워즈 어 레이디 인 허 피프티즈

One day she had a surgery/수술을 받게 됐어요

완 데이 쉬 해드 어 써저리

on her heart/심장에

온 허 하트

She prayed to God and said/그녀는 신께 기도하며 말했죠

쉬 프레이 투 갓 앤 쌔드

Oh God, Is this all?/이렇게 가는 건가요?

오우, 갓. 이즈 디스 올?

And God said,/그러자 신께서 말씀하시길

앤 갓 쌔드

Oh, no. you shall live 40 more years

/아니다, 넌 40년은 더 살 거야

오우 노우. 유 쉘 리브 훠리 모어 이어즈

While she was at it she got/그래서 수술을 하는 김에

와일 쉬 워즈 애릿 쉬 갓

plastic surgery on her face/성형 수술을 했지요

플라스틱 써저리 온 허 훼이스

and all over her body/얼굴과 전신에

앤 올 오버 허 바디

And her way back home/그런데 집에 가려고

앤 허 웨이 백 홈

out of the hospital/병원을 나오는데

아우 로브 더 하스피털

she was hit by a truck/그만 트럭에 치였지 뭐예요

쉬 워즈 힛 바이 어 트럭

In heaven she talked to God
/하늘나라에서 그녀는 신께 말했어요

인 헤븐 쉬 터크 투 갓

Oh my God, you told me/신께서 말씀하셨잖아요?

어우 마이 갓, 유 톨드 미

I would live 40 more years/제가 40년은 더 살 거라고

아이 우드 리브 훠리 모어 이어즈

Then the God said to her/그러자 신께서 말씀하시길

덴 더 갓 쌔드 투 허

Was that you? My gosh!/그게 너였니? 세상에!

워즈 댓 유? 마이 가쉬!

I couldn't recognize you, my child

/애야, 내가 널 못 알아봤잖니.

아이 쿠든 레코그나이즈 유, 마이 촤일드!

I couldn't recognize/내가 못 알아봤어.

아이 쿠든 레코그나이즈

I couldn't recognize you,/내가 널 못 알아봤어

아이 쿠든 레코그나이즈 유

There was a lady in her 50s/50대 여성이

One day she had a surgery on her heart

/심장에 수술을 받게 됐어요

She prayed to God and said

/그녀는 신께 기도하며 말했죠

Oh God, Is this all?/이렇게 가는 건가요?

And God said,/그러자 신께서 말씀하시길

Oh, no. you shall live 40 more years

/아니다, 넌 40년은 더 살 거야

While she was at it she got/그래서 수술을 하는 김에

plastic surgery on her face/성형 수술을 했지요

and all over her body/얼굴과 전신에

And her way back home/그런데 집에 가려고

out of the hospital/병원을 나오는데

she was hit by a truck/그만 트럭에 치였지 뭐예요

In heaven she talked to God

/하늘나라에서 그녀는 신께 말했어요

Oh my God, you told me/신께서 말씀하셨잖아요?

I would live 40 more years/제가 40년은 더 살 거라고

Then the God said to her/그러자 신께서 말씀하시길

Was that you? My gosh!/그게 너였니? 세상에!

I couldn't recognize you, my child

/얘야, 내가 널 못 알아봤잖니

I couldn't recognize/내가 못 알아봤어

I couldn't recognize you,/내가 널 못 알아봤어

소망

서러움이 내 가슴에 샘을 파고,

외로움이 내 마음에 밭을 간다.

포기할 수 없는 욕망이 씨를 뿌리니,

파리한 소망의 싹이 튼다.

온몸의 혈과 육이

용솟음을 쳐보건만,

때아닌 한 발의 회오리가

잎을 태우고 줄기를 말리우고

뿌리를 조으누나!

아바, 아바, 아바지여!

나를 지으신 자시니

나를 살리실 자시오,

나를 치시는 자이시니

나를 고치실 자시라.

아바, 아바, 아바지여!

절 모른다 마옵시고

제 소망의 밭에 단비를 주소서!

1994년에 Grace 박현숙 씀

1. A woman wanted her own Portrait with Jewelry.
/질투의 화신

A woman decided to have her own portrait painted by a very famous artist.

/한 여인이 유명한 화가에게 자신의 초상화를 그리도록 했어요.

She told the artist,

/그녀가 화가에게 말하기를,

"Paint me with 3-carat diamond earings, a large diamond necklace, glimmering emerald bracelets, and a beautiful ruby pendant."

/"나를 그리되, 귀에는 3캐럿 다이아 귀걸이에, 커다란 다이아 목걸이, 빛나는 에메랄드 팔찌, 그리고 아름다운 루비 장식을 단 모습으로 그려 주세요."

"But Maam, you're not wearing any of those things."

/"하지만 부인, 당신은 그것들을 착용하지 않으셨는데요."

"I know." she said, "My health is not good.

/"나도 알아요, 내 건강이 안 좋아요.

And my husband is having an affair with his secretary.

/게다가 내 남편은 자기 비서하고 바람이 난 데다가,

And I'm sure he will marry her, when I die.

/내가 죽으면 분명히 그 여자하고 결혼을 할 거예요.

I want that damn chick to lose her sanity

/난 그 망할 여우 같은 것이 정신을 잃고

looking for my jewelry."

/내 보석을 찾으려고 혈안이 되길 바라요."라고 했더래요.

2. Mother of 6/6 아이 엄마, 4 아이 아빠

A man has 6 children, and he is so proud of himself

/한 남자가 아이가 6명인데, 그는 그게 너무 자랑스러워

that he starts calling his wife 'Mother of 6',

/자기 부인을 '6 아이 엄마'라고 부르기 시작했어요.

in spite of her objection.

/부인이 그걸 아주 싫어하는데도 말이죠.

One night, they go to a party.

/하루는 밤에 파티엘 갔어요.

The man decides it's time to go home,

/남편은 이제 갈 때가 됐다고 생각하고는,

and wants to find out if his wife is ready to leave as well.

/자기 부인을 찾아 집에 가자고 할 참이었어요.

He shouts at the top of his voice,

/목청을 한껏 돋우어서 소리 지르기를,

"Shall we go home, 'Mother of 6'?"

/"우리 이제 갈까, '6 아이 엄마'?"

His wife, irritated by her husband's lack of discretion,

/남편의 배려 없는 말에 완전히 화가 난 부인은,

shouts right back.
바로 되받아 소릴 쳤어요.

"Any time you're ready, 'Father of 4'."
/"당신이 준비되면 언제든지요, '4 아이 아빠'!"

3. Trump's 'A bottle of water'/트럼프의 물 한 병의 가치

A bottle of water is $1 at the store. $2 at the gym,
/가게에서 1달러 하는 물 한 병이, 체육관에서는 2달러.

$4 at the airport, and $7 at the damn flight.
/공항에서는 4달러, 그리고 망할 비행기에서는 7달러씩이나 하죠.

Same water, different price tag. Why?
/똑같은 물인데 왜 가격표가 다를까요?

It is about where it's at.
/그건 그게 어디 있느냐의 문제죠.

When you feel like people ain't seeing your value,

/사람들이 당신의 가치를 알아보지 못하는 것 같거든,

it's because you worth much.

/그건 당신이 별 가치가 없어서가 아니고

It's because you are in the wrong spot.

/당신이 엉뚱한 장소에 있기 때문입니다.

Maybe you're not around the right crowd.

/당신에게 맞지 않는 사람들과 어울린 거죠.

Maybe you're stuck in a place

that ain't built to recognize what you bring.

/당신의 능력을 알아보지 못하는 장소에 박혀 있는 겁니다.

So, next time you feel underestimated,

/그러니 다음에 당신이 과소평가된다고 느껴지거든,

stop doubting your worth.

/당신의 가치를 의심하지 말고,

Ask yourself "Where am I standing?"

자신이 어디에 있는지를 자신에게 물어보세요.

Cause if the damn bottle of water can be worth $7

just by switching its location.

/그 망할 물 한 병이 장소만 바꿔서 7달러짜리가 될 수도 있으니 말이죠.

Imagine what happens

/무슨 일이 일어날지 상상해 보세요.

when you put yourself in the right place.

/당신이 제자리에 있을 때 생길 일들을.

4. To wake up listeners dozing off.

/조는 신도들을 깨우려다가 바람둥이가 된 목사님

It happens to be a story of and old preacher

/이건 한 연로하신 목사님 이야기인데요.

who was talking to a young preacher

/그분이 한 젊은 목사에게 얘기 중이었어요.

who hasn't had as much experience.
/그 젊은 목사님은 경험이 별로 없었고요.

"You know, sometimes on Sunday morning they begin to nod off."
/"알다시피, 일요일 오전 예배 중에 사람들이 졸기 시작하잖아요.

And he says "I found a way to wake them up."
/내가 그들을 깨우는 법을 알아냈어요."라고 했어요.

He said. "Last night, I held in my arms a woman who was the wife of another man."
/"어젯밤에 난 남의 유부녀를 품에 안고 잤어요."라고 했대요.

And he said that wakes them up.
/그랬더니 사람들이 잠을 깨더래요.

And he said then, "When they looked at me startled,
/그리고 그는 말하기를 "그래서 사람들이 화들짝 놀라서 깨기에 내가 말했죠.

I said "It was my dear mother."
/근데 그게 우리 어머니였답니다."

And the young preacher took that to heart

/그 얘기를 마음에 새긴 젊은 목사님은

and s few weeks later,

/몇 주가 지나서

sure enough there some of them were dozing off.

/예배 중에 당연히 조는 분들이 있었지요.

So, he remembered what had been told him.

/그래서 그는 들었던 이야기를 기억하고는,

And he said "Last night, I held in my arms a woman

/말하기를, "어젯밤에 나는 한 여인을 품었는데,

who was the wife of another man."

/그 여인은 남의 부인이었어요."

And all looked at him and everyone was awake.

/그러자 당연히 모두가 놀라서 잠이 깨 버렸는데,

And he says "I can't remember who it was."

/그가 말하기를 "근데 그게 누구였는지 기억이 안 나요."

5. Elon Musk and Leonardo Decaprio/왜 죽었어?

Elon Musk and Leonardo Decaprio meet in heaven.

/일론 머스크와 레오나르도 디카프리오가 하늘나라에서 만났어요.

"What did you die of?" asked Elon.

/머스크가 물었어요, "뭐 때문에 죽었소?"

"I died of extreme cold. And What about you?"

/"난 지독한 독감에 걸려서 죽었지, 당신은?"

"I came from work and I thought my wife talking to a stranger.

/"난 일하고 집에 왔는데 아내가 낯선 자와 얘길 하는 것 같더라고.

On entering the house, I searched every single corner of the house.

/집에 들어가자마자 집 안 구석구석을 다 뒤졌지.

But could not find anyone anywhere.

/근데 어디에도 아무도 없더라고.

I felt so guilty of my suspicion that my heart failed."

/아내를 의심한 죄책감이 너무 심해서 심장이 멎었지 뭔가."

6. Musk might die/머스크가 죽을 거 같대.

A few years back, a woke liberal employee infected me with ligma, a deadly stress disorder.

/몇 년 전에 한 진보주의자(민주당) 직원한테서 내가 몹쓸 병이 옮았는데, 치명적인 스트레스 장애였어요.

So, my wife Ember Heard drove me on a cyber truck to the doctor's office.

/그래서 내 마누라 '엠버 허드'가 사이버트럭을 몰고 나를 병원에 데려갔죠.

After my check-up, the doctor called my wife into his office.

/검사를 한 뒤에, 의사가 집사람을 사무실로 불러서 말했어요.

He told her "Mr. Musk is suffering from a very severe stress disorder. If you don't do the following, your husband will surely die."

/"당신 남편은 아주 심한 스트레스 장애를 앓고 있으니, 당신이 다음 사

항을 지키지 않으면 남편은 반드시 죽을 겁니다."라고 한 거예요.

"Each morning, fix him a healthy breakfast. Be pleasant all times. For lunch, make him a nutrient meal. For dinner, prepare specially nice meal for him."

/의사는 말하기를 "매일 아침 건강 식사를 해 주시고, 항상 기쁘게 해야 합니다. 그리고 점심은 영양이 풍부한 식사를 해 주시고, 저녁은 특별히 그에게 좋은 음식을 해 주세요."

"Don't burden him with chores. Don't discuss your problems with him. It'll only make him worse. No nagging.

/"절대 소소한 집안일로 부담을 주지 말고, 당신의 문제를 남편과 상의하지 마세요. 그러면 상태가 악화될 겁니다. 잔소리도 하지 마시고요."

And most importantly, make love with your husband several times a week. If you can do this, the next 10 months to a year, I think your husband will regain his health completely."

/"그리고 가장 중요한 것은, 일주일에 몇 번은 잠자리를 하세요. 만약에 이렇게 10개월에서 1년 정도 하시면 남편은 완전히 건강해질 겁니다."라고 말한 거예요.

On the way home I asked my wife, "Sweetheart, what did the doctor tell you in private?" She said, "You are going to die."

/집에 돌아오는 길에 내가 집사람에게 물었죠. "여보, 의사가 당신더러 뭐래요?" 아내가 말하기를 "당신이 죽을 거래."라고 했답니다.

7. Old Farmer and the Son/노인과 효자 아들

An old farmer writes to his son in prison.

/한 늙은 농부가 감옥에 있는 자기 아들에게 편지를 썼어요.

'This year, I won't be able to plant potatoes,

/올해에는 내가 감자를 심지 못할 것 같구나,

because I can't dig the field by myself.

/내가 혼자서 땅을 팔 수가 없어서 말이다.

I know if you were here you would help me.'

/네가 있었다면 당연히 도와줬을 텐데 말이다.

The son writes back.

/아들이 바로 답장을 했어요.

'Dad, don't you ever think of digging the field.
/아버지, 밭을 일굴 생각도 하지 마세요.

Because that's where I buried the money I stole.'
/거기다 제가 훔친 돈을 다 묻어 뒀거든요.

The police read the letter
/경찰이 그 편지를 읽고는

and the next day the whole field was dug by the police
/다음 날 전체 밭이 경찰들에 의해서 다 파헤쳐졌어요.

looking for the money. Nothing was found.
/숨긴 돈을 찾느라고 말이죠. 결국 아무것도 없었죠.

8. There's a fly in my soup./각국 식당에서 웨이터의 반응

⟨In England/영국에서⟩ 신사적?

"There's a fly in my soup."
/수프에 파리가 빠졌어요.

"Oh, yeah."

/아이고 저런!

〈In France/프랑스에서〉 불결함?

"There's a fly in my soup."

/수프에 파리가 빠졌어요.

"Don't worry, sir. The spider on the bread will roll and get him."

/걱정 마세요, 손님. 빵 위에 있는 거미가 굴러가서 그놈을 먹을 겁니다.

〈In Germany/독일에서〉 반유대 정서?

"There's a fly in my soup."

/수프에 파리가 빠졌어요.

"Jewish swine."

/유태인 돼지 같으니라고!

〈Israel/이스라엘에서〉 고리대금 금융업?

"There's a fly in my soup."

/수프에 파리가 빠졌어요.

"That will be a pound extra, sir."

/1파운드 요금 추가입니다, 손님.

〈Iceland/아이슬란드〉 생명 존중?

"There's a fly in my soup."
/수프에 파리가 빠졌어요.
"Don't worry, sir. I will save it."
/걱정 마세요, 손님. 제가 구해 주겠습니다.

●

노래 여섯

- Love your neighbor/네 이웃을 사랑하라

Some say life is short/누구는 인생은 짧다고

썸 쎄이 라이프 이즈 숄트

So enjoy your life/인생을 즐기래요

쏘우 인조이 유어 라이프

That sounds good/좋은 얘기죠

댓 싸운즈 굿

But, is that all?/하지만 그게 다일까요?

밧 이즈 댓 올?

Where did I come from?/난 어디서 왔을까?

웨어 디 다이 컴 프롬

And where shall I go to?/또 어디로 갈까?

앤 웨어 쉐라이 고우 투?

Somewhere nice?/멋진 곳으로?

썸웨어 나이스?

Or somewhere horrible?/아님 흉측한 곳으로?

오아 썸웨어 호러블?

Some say 'there's God watching upon you

/누군가는 신께서 우릴 보고 있다고

썸 쌔이 데어즈 갓 워칭 어폰 유

So behave yourself'/행동을 조심하래요

쏘우 비헤이브 유어셀프

And there are heaven and hell/또 천국과 지옥이 있다네요

앤 데어라 헤븐 앤 헬

Seems like a burden/좀 부담스럽죠

씸즈 라이 커 버든

Come on, my soul,/내 영혼아, 나 좀 보자

컴 온, 마이 쏘울

Isn't that serious?/좀 심각하지 않아?

이즌 댓 씨리어스?

And let's just think about it/한번 생각을 해 보자고

앤 렛쯔 저스트 딩 커바우 릿

Cause it's a matter of life or death/이건 생사의 문제니까

커즈 잇 쩌 매러 오브 라이프 오아 대쓰

If I live nice and well/내가 착하게 잘 살면

이프 아이 리브 나이스 앤 웰

Will that pay me back?/보상이 있을까?

월 댓 페이 미 백?

How long will my life be?/난 얼마나 살까?

하우 롱 월 마이 라이프 비?

Can I hold it forever?/영원히 살 수는 있을까?

캔 아이 홀 딧 훠레버?

Well, I have no idea, do you?/난 잘 모르겠는데, 넌?

웰 아이 해브 노우 아이디어, 두유?

I need someone to ask of/누군가에게 물어봐야겠네

아이 닛 썸원 투 애스크 오브

They say there is God/사람들이 신이 있대

데이 쎄이 데어 리즈 갓

Who is almighty living/전능에다가 살아 있대

후 이즈 올마이티 리빙

Oh, God, are you still there?

/신이시여! 아직도 거기 계신가요?

오우, 갓. 아유 스틸 데어?

Watching upon me?/여전히 나를 내려다보시고요?

워칭 어폰 미?

I have a question/저 질문이 있는데요

아이 해브 어 퀘스천

Can I be saved by you?/저도 당신께 구원받을 수 있을까요?

캔 아이 비 쎄이브드 바이 유?

I want to be if I can/할 수 있으면 저도 구원받고 싶어요

아이 원 투 비 이프 아이 캔

How can I be?/어떻게 하면 되죠?

하우 캔 아이 비?

Love your neighbor,/네 이웃을 사랑해라

러브 유어 네이버

Love your neighbor like yourself

/네 이웃을 너 자신처럼 사랑해라

러브 유어 네이버 라이크 유어셀프

Oh, God, are you still there?

/신이시여! 아직도 거기 계신가요?

오우 갓. 아 유 스틸 데어?

Watching upon me?/여전히 나를 내려다보시고요?

워칭 어폰 미?

Love your neighbor,/네 이웃을 사랑해라

러브 유어 네이버

Love your neighbor just like yourself

/네 이웃을 너 자신처럼 사랑해라

러브 유어 네이버 라이크 유어셀프

Some say life is short/누구는 인생은 짧다고

So enjoy your life/인생을 즐기래요.

That sounds good/좋은 얘기죠,

But, is that all?/하지만 그게 다일까요?

Where did I come from?/난 어디서 왔을까?

And where shall I go to?/또 어디로 갈까?

Somewhere nice?/멋진 곳으로?

Or somewhere horrible?/아님 흉측한 곳으로?

Some say 'there's God watching upon you

/누군가는 신께서 우릴 보고 있다고

So behave yourself'/행동을 조심하래요.

And there are heaven and hell/또 천국과 지옥이 있다네요.

Seems like a burden/좀 부담스럽죠.

Come on, my soul,/내 영혼아, 나 좀 보자

Isn't that serious?/좀 심각하지 않아?

And let's just think about it/한번 생각을 해 보자고

Cause it's a matter of life or death/이건 생사의 문제니까

If I live nice and well/내가 착하게 잘 살면

Will that pay me back?/보상이 있을까?

How long will my life be?/난 얼마나 살까?

Can I hold it forever?/영원히 살 수는 있을까?

Well, I have no idea, do you?/난 잘 모르겠는데, 넌?

I need someone to ask of/누군가에게 물어봐야겠네.

They say there is God/사람들이 신이 있대.

Who is almighty living/전능에다가 살아 있대.

Oh, God, are you still there?

/신이시여! 아직도 거기 계신가요?

Watching upon me?/여전히 나를 내려다보시고요?

I have a question/저 질문이 있는데요

Can I be saved by you?/저도 당신께 구원받을 수 있을까요?

I want to be if I can/할 수 있으면 저도 구원받고 싶어요

How can I be?/어떻게 하면 되죠?

Love your neighbor,/네 이웃을 사랑해라

Love your neighbor like yourself

/네 이웃을 너 자신처럼 사랑해라

Oh, God, are you still there?

/신이시여! 아직도 거기 계신가요?

Watching upon me?/여전히 나를 내려다보시고요?

Love your neighbor,/네 이웃을 사랑해라

Love your neighbor just like yourself

/네 이웃을 너 자신처럼 사랑해라

노래 듣기

내가 만난 영웅 1 : 블라디미르 차 장군

내게만 유난히 고약하게 굴던 남편은, 항상 국가(國家)나 사회(社會)를 위해서 뭔가 큰일을 해야 한다는 강박관념(強迫觀念)을 갖고 있는 사람 같았다. 우리나라는 자원이 부족하니 자원을 확보하지 못하면 여러 가지로 불리하다고 늘 자원 확보에 관심이 많아서, 무리를 해서라도 동분서주(東奔西走)하던 차에, 태평양(太平洋)의 무한한 수산자원(水産資源)과 러시아의 무한한 에너지자원을 부러워했는데, 미국은 이미 늦었고, 중국은 인구가 너무 많아서 얻을 것이 없다는 것이었는데, 마침 모스크바행 비행기 비즈니스석에서 만난, 고려인으로서 러시아 장군 '투 스타'까지 올라가신 '블라디미르 차' 장군을 알게 되었고, 서로의 대화 중에 깊은 감명을 받아서 가족처럼 친근하게 지내게 되었다.

그 당시에 듣기로는 러시아에 동양계 장군은 두 사람밖에 없었고, 그중에 한 사람은 일본인 출신으로 '완 스타'가 있었고 차 장군님은 한국인으로서 별을 두 개나 다신 '투 스타'이셨으니 정말 대단한 거였고, 우리나라 KBS에서도 한국인으로서 해외에서 업적을 남긴 인물을 다루는 특집다큐멘터리 프로에서 1시간가량의 방송에 출연하셨고, 해외에서 활동하는 한국 기업의 모임인 '한상회(韓商會)'의 대표로 활동한 것으로 알고 있는데,

그분은 진실로 인간의 모델처럼 느껴질 정도로, 바라만 봐도 선하고 충실한 마음이 느껴질 정도라서 저도 진심으로 존경했고, 그분의 삶을 이야기로 들으면서 눈물을 흘리지 않을 수 없었다.

차 장군님은 소련 정부가 고려인(高麗人)을 시베리아로 강제 이주시키던 당시, 가족이 다 이주했다가 혹한 추위에 아버지와 어머니를 잃고 할아버지와 단둘만 살아남았고, 할아버지는 장군님께 '무슨 수를 쓰더라도 뒤를 댈 것이니 너는 여기를 떠나서 공부를 하라.'고 하셔서, 눈물을 머금고 어린 나이에 할아버지를 떠나 기숙사가 있는 도시학교로 갔고, 방학 때면 하나뿐인 혈육이신 할아버지가 보고 싶어서 눈밭을 헤치고 그 추운 시베리아 벌판을 달려갔다고 하실 때면 눈물이 앞을 가려서 차마 그냥 들을 수가 없었다. 러시아에서도 푸틴 대통령의 신임을 얻어 안보대학(安保

266

大學) 학장으로서 러시아 및 동유럽국가의 안보교육 책임자로 중요임무를 맡으신 것으로 알고 있었는데, 그도 아마 러시아 사람과 결혼을 해서 승진도 가능하지 않았나 싶었고, 고국을 기리는 마음이 얼마나 애틋하실까 싶어 한국에서 따뜻한 고국의 정취를 느끼게 해 주려고 노력했었다.

한번은 미팅일정 때문에 일등석을 탈 일이 있었는데, 모스크바 공항 VIP라운지에서 시간을 기다리던 차에 거기서 '요르단' 왕족을 만났는데, 남편도 안보회원이라고 하자 아주 반기면서 언제든지 세계적인 정치인을 소개하겠으니 함께 연락하자고 하면서, 북한에도 가고 싶으면 언제든지 김정일 주석을 만나게 해 주겠다고 했는데, VIP대합실에서 기다리니 시간이 되자 '미스월드' 같은 늘씬한 미인이 와서는 앞서 '에스코트'를 하는데, 비행기 좌석까지 다른 통로로 안내를 하는데 일반승객들이 다들 놀란 듯이 쳐다보는 호사를 누렸다. 그리고 또 한번은 국회의원식당이란 데를 러시아 국회의원이 안내해서 갔는데, 거기 역시 영화배우같이 생긴 늘씬한 마담이 와서 영어로 인사를 하고 접대를 했고, 식사를 하면서 도중에 내가 서류가 필요해서 가방을 열고 일을 보고, 다시 돌려놓으려 하자 어느새 웨이터가 곧장 쫓아와서 가방을 걸이에 걸어 주는가 하면, 식탁에 조그만 부스러기라도 떨어지면 즉각 달려와서 작은 솔과 쓰레받기로 치워 줬고, 화장실을 가는 데는 KGB 요원 같은 사람들이 정복을 입고 양쪽으로 서 있어서 역시 사회주의(社會主義) 국가의 느낌을 강하게 느꼈다.

차 장군님은 한국 이름이 '차일우'라고 하시면서 하나 '一'에다 벗 '友' 자라고 하시고, 자기에게는 한 사람의 '벗'만이 있고, 제 남편이 그 하나뿐인 '친구'이자 '형제'라고 너무 좋아하셨고, 제가 러시아에 가거나 그분이 한국에 오실 때면 항상 단 한 송이라도 꽃을 제게 건네주서서 새삼 내가 여성임을 일깨워 주신 분이셨다. 남편에게도 항상 '유어 와이프 좋은 사람, 착한 사람.'이라고 서투른 영어와 한국말로 인사치레를 해 주셨다. 그분은 항상 어떻게든 한국에 혜택을 주고 싶어서 최선을 다하셨는데, 러시아 해역에서 어업쿼터도 주시려고 하셨고 기름이나 가스 등 원하기만 하면 다 해 주고 싶어 하시면서 노년을 한국에서 보내고 싶다고 하셨다. 다만 안타까웠던 것은, 2005년경에 러시아에서 자국 해역에서 조업을 할 수 있는 어업권을 주겠다고 해서 한국 정부부서에 문의를 했는데 도무지 묵묵부답(黙黙不答)으로 답이 없는 사이에, 일본을 재빨리 어업권을 따서 자국 국기를 달고 조업을 하게 된 일이 있었다.

우리나라는 어업권(漁業權)을 주겠다고 할 때는 말이 없다가, 막상 러시아에서 한국에 동태 수출을 중단하겠다고 하자, 수산청 대표가 동태수입쿼터를 따러 러시아에 갔으나, 러시아 측의 해양부 장관이 계속 휴가를 갔다느니 핑계를 대고 만나 주지 않고, 귀국 일정이 촉박하도록 못 만나게 되자, 그제야 러시아 수산청 장관 좀 만나게 해 달라고 연락이 왔다. 그나마 다행히도 당시에 우리가 친하게 지내던 푸틴의 삼보 코치이자 '상트 페테르부르크(Saint Petersburg)' 대학 절친 동기인 '바실리 세스타코프' 씨의 아들이 수산청 차관으로 있었던 터라 연락을 해서 만나도록 주선을 하며 얘기를 들어 보니, 당시에 우리나라 정부 직제가 해양수산부가 없어지고, 농림수산식품부로 통합된 상태여서, 러시아 측에서의 생각은, 소위 물량을 달라고 부탁하러 장관을 만나겠다고 오는 사람들이 장관이 아닌 국장급의 대표가 와서 자국의 장관을 만나겠다고 하니, 상당한 외교적(外交的) 결례(缺禮)라고 생각해서 피하고 있던 상황임을 확인하고, 우리나라의 정부(政府)직제(職制)에 대해 설명해서 이해를 시키고 만남을 성사시켜 준 적이 있었다.

그것도 어쨌거나 남편이 자원을 확보해야 한다고 열심히 각국의 영향력 있는 사람을 만나던 과정에서, 러시아의 외교특사(外交特使)로서 푸틴 대통령의 최측근 친구인 '바실리 세스타코프' 부부와 우리 부부가 친밀한 관계를 유지하던 터라 오해를 풀고 해결하도록 했고, 지금 정확히 기억이 나지는 않으나 원하는 물량에 상당한 동태 물량을 확보해 주었고, 그에

대한 인사로 정부 책임자로부터 감사장을 받은 일이 있었다. 바실리 부부와는 태평양 국가들을 함께 1주일간 여행했는데, 참 공교롭게도 돌아오는 길에 '바실리' 씨가 갑자기 급성(急性)맹장염(盲腸炎)에 걸려서 수술을 해야 해서 도중에 '마이크로네시아' '폰페이'에서 꼼짝을 할 수 없는 일이 생겼고, 후진국 섬나라에서 수술을 받고 싶지 않았던 터라, 부인이 '크레믈린'에 직접 전화를 걸어 특별기를 보내 달라고 연락을 하자, 미국으로부터 영공비행 허락을 받는 데만도 1주일 이상은 걸릴 거라고 해서 급히 거기서 그냥 수술을 받게 됐다. 함께했던 팀원 중 일부는 먼저 한국으로 돌아가고 우리 부부만 남아서 수술을 마치도록 더 머문 추억이 있었고 더욱 친근한 사이가 되었었다.

지나고 나서 참 답답하고 안타까웠던 것은, 어떻게 어업권(漁業權)의 특혜를 주겠다고 할 때는 연락도 안 하던 정부 관계자가 수산물(水産物)을 수입(輸入)하는 것을 못 하게 되자 연락을 하는지. 그때 든 내 생각은 '이 나라는 국민이나, 공무원이 진정으로 나라를 위해서 충성하고 따를 지도자가 없는 나라가 아닌가?' 하는 생각이었다. 5년마다 정권이 바뀌는데, 언제 어느 당의 누가 대통령이 돼서 어떻게 될지 모르는 상황에서 누가 나라를 위해서 목숨 걸고 모험을 할지 이해를 할 만도 했다. 민주주의(民主主義)가 최고의 자유를 수호하는 바람직한 정치형태임에 이견을 달 수는 없으나 뭔가 나라의 정통성이 뿌리째 뽑혀 버린 듯한 느낌을 지울 수가 없었다.

솔직히 내가 남편을 따라 수산자원 확보를 위해, '마샬공화국', '마이크로네시아' 등의 태평양 연안 국가들을 돌 때도 느꼈던 것은, 중국이나 일본은 그 태평양 국가들의 해양자원을 탐내어, 중국은 정부청사(政府廳舍)를 지어 주고 일본은 비행장과 도로를 닦아 주는 등 선심을 쓰고, 해양자원을 연구를 해 준다는 핑계로 연구소를 짓고 연구원을 투입해서 일을 하고 있었는데, 우리나라 사람은 우리 가족 빼고는 구경을 할 수가 없었는데, 그나마 우리나라 기독교계에서 사이비라고 매도하는 통일교단의 문선명 대표가 태평양 국가들에 많은 지원을 해서 문선명 총재라고 하면 상당히 인지도가 있었다. 중국이나 일본이 일관성 있는 정책을 지속하기에 용이한 것은, 일본(日本)은 천황(天皇)이 있어서 정치의 맥락(脈絡)을 이어 가는가 하면, 중국(中國)은 어쨌거나 공산당(共產黨)이 계속 정권을 잡고 있으니, 뭔가 일관성 있게 정책을 이어 나갈 수 있지 않았나 싶었다. 우리나라나 중국 같은 경우는 땅덩어리에 비해서 해양 면적이 그다지 크지 않으나, 그쪽 섬나라들의 육지 면적은 우리나라 거제도 정도의 작은 나라들이지만, 해양 면적은 우리나라의 20배 정도이니, 얼마나 탐나던 해양자원(海洋資源)의 보고(寶庫)였던지!

그러나 참 '아이러니'하게도, 그곳 사람들은 중국과 일본에서 그렇게 선심을 써도, 과거의 쓰디쓴 전쟁(戰爭)의 역사(歷史)를 기억하는지라 우리에게 뭐든 잘해 주려고 애를 썼는데, 그도 그럴 것이, 이는 패망한 일본군(日本軍)들이 철수하면서, 증거를 인멸하고자 본토인들과 한국 병사들을 산 채로 모래에 묻어 버리는 과정에서, 머나먼 섬나라까지 끌려와서 일본군의 군복을 입은 우리나라 징집 병사들이, 자신들의 비행(卑行)을 덮고자 하는 일본군에 의해, 모래에 묻을 때, 죽어 가면서 아리랑을 부르던 것을 기억하고, 한국에 대해서 동포와 같은 좋은 감정을 가지고 있어서, 아직도 살아남은 그들이 아리랑을 기억해 부른다는 이야기를 우리에게 전해서, 듣고 눈물겨웠던 기억이 있다.

게다가, 우리가 당시 크리스천이어서 대화를 하다 보니, 다행히 그들도 대부분이 기독교인(基督敎人)들이어서 같은 형제라고 기뻐하면서 조건 없이 한국에 혜택을 주고 싶어 해서 1990년경부터 '마샬공화국' 정부 지도자 및 섬의 추장들 10여 명을 한국 우리 집에 10일가량 초청해서 환대를 해 주고 우리도 여러 차례 방문을 하는 등 왕래를 하면서 수시로 연락을 하며 지내던 터여서, 어업권을 따는 데 문제가 없어서, 한국 해양수산부의 배를 가지고 연구원 두 명과 시험조업(試驗操業)을 갔다 온 적이 있었는데, 당시에 어구(漁具)를 우리나라 근해(近海)에서 쓰다가 자원이 없어 놓고 있던 어구를 가져갔는데, 그곳에서는 고기들이 너무 커서 통발 입구에 고기의 머리가 박혀 제대로 시험조업을 하지 못하고 돌아왔는데, 재차 어구를 바꿔 시험조업을 하지는 않고, 그도 유야무야 무산된 것으로 알고 있다.

아무튼 자원 확보를 위해 뛰어다니면서 만난 차 장군님은 한국계 고려인으로서 러시아에서도 일본을 제치고 정부에서 최고의 신임을 얻어 러시아 안보대학의 학장까지 지내셨으니 정말 자랑스럽지 않을 수 없었고,

또 한 가지 기억에 남는 것은 '상트페테르부르크'에 있는 '표트르 대제'의 여름궁전을 관람하던 도중에 갑자기 우리나라 애국가가 나와서 깜짝 놀라서 걸음을 멈추고 예를 표하면서, '이곳은 각국에서 관광을 오니 외국의 애국가를 틀어 주나 보다.'라고 생각하고 다음은 어느 나라 국가가 나오나 기다리고 있었는데, 그것으로 끝이었고, 아무 음악도 안 나오기에, 나중에 그에 대해서 여쭈었더니, 저희가 그곳에 방문을 하니 특별히 애국가를 틀라고 명령을 했던 것이라고 하여 매우 감격했던 기억이 있다.

　또 한 가지 재미난 일은 모스크바에서 상트페테르부르크로 갔다가 다시 모스크바로 돌아오는 열차에서 깜빡하고 남편이 휴대폰을 열차에 놓고 내렸는데, 그 사실을 딴 사람을 통해 장군님께 연락을 했더니, 한 시간 정도 후에 심부름하는 분이 전화기를 찾아다 주시면서, 이 열차를 세운 사람은 북한에 김정일 주석 다음에 두 번째라고 하면서 김정일 주석은 예술을 사랑하는 사람이라서 그런지 좀 궁금한 것이 있으면 당장 가서 보고 와야 직성이 풀리는지, 당장 열차를 세우라고 해서 열차를 세운 적이 있다고 우스갯소리를 한 일도 있었다. 아무튼 한국인의 피를 물려받은 고려인으로서, 일본의 '완 스타' 장군보다 높은 '투 스타' 장군으로서 러시아 정부의 보안대학학장으로 중요 직책을 맡은 것은, 웬만한 신임으로는 꿈도 꾸지 못할 일 같은데, 그분의 얼굴을 뵙고 대화를 하다 보면, 인격적으로나 실력으로나 정말 그럴 만한 분이라는 느낌을 받지 않을 수 없었다. 한번은 한국에 오셔서 혹시나 잠자리가 불편하시지는 않으실지 여쭈었더니 '우리 군인은 흙에서도 자고 트럭에서도 자오. 아주 좋소.'라고 하시면서 웃으시는 모습이 너무나도 겸손하시고 소박한 소년 같았다. 안타깝게도 업무가 과중하셨는지 심장이 안 좋아서, 독일병원에서 심장수술을 두세 번 받으시고 갑자기 돌아가셔서, 한국에서 고향의 정취를 느끼며 편히 살 다 가시게 하지 못한 것이 어찌나 가슴이 아팠던지, 내 가족을 잃은 것만 같았다.

그레이스 박

학창 시절 16년, 전업주부 생활 28년, 영어강사 15년,

팝송가수 6년째

군살 없는 50일 속담영어

ⓒ 그레이스 박, 2025

초판 1쇄 발행 2025년 6월 24일

지은이   그레이스 박
펴낸이   이기봉
편집   좋은땅 편집팀
펴낸곳   도서출판 좋은땅
주소   서울특별시 마포구 양화로12길 26 지월드빌딩 (서교동 395-7)
전화   02)374-8616~7
팩스   02)374-8614
이메일   gworldbook@naver.com
홈페이지 www.g-world.co.kr

ISBN   979-11-388-4402-4 (03740)